AF447089

El origen competitivo de los botes de Vela Latina en Las Palmas de Gran Canaria

Una aproximación histórica

Moisés Morán Vega

Agradecimientos:

A mi padre y mi madre por dejar en mi un profundo respeto y amor a la Vela Latina Canaria, que ha posibilitado este trabajo de investigación.

A mi hijo Aarón por ser la luz que alumbra al final del túnel.

A los Drs. Gonzalo Marrero Rodríguez y José Hernández Moreno que han sabido guiarme con el conocimiento, la eficacia, la confianza y el sosiego necesarios para llevar a cabo este proyecto.

A los trabajadores del Museo Canario por su desinteresada colaboración y por su preocupación incansable por el patrimonio histórico de las Islas Canarias.

Índice

Introducción

La historia de la navegación en los últimos años ha aportado y espectaculares datos sobre su origen, desarrollo y evolución, gracias a los descubrimientos de la arqueología submarina que ha puesto sobre la mesa argumentos que son difícilmente rebatibles. Así, nos podemos acercar con cierta veracidad a los posibles comienzos de la navegación, y llegar a plantear, sin temor a equivocarnos, cuáles fueron los primeros pasos del hombre en su aventura del mar que estuvo llena de imaginación, innovación, destreza, valentía, técnica y resolución, lo que permitió empezar el desarrollo cultural, social y económico. Pero, el conocimiento de la historia de la navegación depende en su mayor parte de otras fuentes de información, que implican una serie de problemas de interpretación, porque las fuentes son, en casi todos los casos, secundarias, que se tergiversan al ser interpretadas.

Por estas razones habría que tomar con cuidado las informaciones que nos han llegado hasta nuestros días que provienen de la literatura y de la iconografía antigua y que nos han dejado un legado histórico, pero con el que hay que tener ciertas precauciones a la hora de utilizarlo. Las fuentes principales en las que se ha basado la historia de la navegación son por lo general las obras de arte donde se plasmaron representaciones de barcos y buques, como los frescos egipcios, cretenses, griegos o fenicios. La descripción de los barcos en la literatura fantástica y religiosa[1], textos históricos documentales como diarios y la reciente pero importante arqueología submarina.

Sin embargo, respecto a la vela latina, los datos históricos y arqueológicos no han aportado argumentos definitivos sobre su origen y en la actualidad existen grandes controversias sin llegar a un punto de acuerdo.

El trabajo que nos ocupa tiene una estructura en la que hemos intentado realizar un marco general que va desde el origen de la navegación, continúa por el origen de la navegación a vela, pasando por el origen y evolución de la vela latina en general hasta llegar al tema específico de este trabajo: el origen competitivo de los botes de vela latina en Gran Canaria.

Así, en el primer capítulo, se aborda el origen de la navegación, desde que el hombre puso sus pies en los mares, ríos y lagos, y quiso atravesarlos mediante la utilización de diversos materiales que tenía a mano, ya que no se puede entender la navegación, sin haber buceado y explorado estos orígenes. En el segundo capítulo, abordamos el origen de la navegación a vela y su repercusión en el mundo antiguo, analizando los cinco pueblos que tuvieron a nuestro entender una influencia determinante en el desarrollo de la

---

[1] Heyderdahl (1983, 33) afirma: *El primer constructor naval de los tiempos bíblicos, el patriarca Noé, recibió la siguiente orden, según el Génesis (6,14-16): Hazte un arca de madera resinosa, con costillas de ciprés, recúbrela de cañas y la calafateas con pez por dentro y por fuera. También hay que destacar en esta nota la descripción sencilla que hace Homero en la Ilíada de las naves de su época.*

navegación a vela: cretenses, egipcios, fenicios, griegos y romanos, que desarrollaron su actividad naval en el mar Mediterráneo y su área de influencia.

Sobre la vela latina y las teorías de su origen nos ocupamos en el capítulo tercero, en el que mostraremos de forma sucinta las diferentes teorías sobre el origen de la vela latina, poniendo sobre la mesa las discrepancias que existen en la actualidad al respecto y que son fruto de la inexistencia de fuentes históricas y arqueológicas que dan pie a todo tipo de teorías y especulaciones muchas veces sin fundamento científico. En este capítulo, estudiaremos la evolución y posterior declive de la vela latina en el mundo, haciendo especial referencia al mundo Mediterráneo, siguiendo la evolución de esta particular vela triangular por su travesía desde la antigüedad hasta los albores del siglo XIX.

La parte más importante de este trabajo, la analizaremos en el capítulo cuarto, donde estudiaremos el posible origen de la competición de los botes de vela latina en Gran Canaria, aportando datos históricos procedentes de fuentes primarias y secundarias sobre el origen de esta competición marinera, exponiendo nuestra hipótesis sobre su posible origen y aportando datos que apoyen la hipótesis que exponemos.

Como parte final del trabajo citaremos las fuentes bibliográficas a las que hemos hecho referencia

.

Origen de la navegación

El hombre desde que puso los pies sobre la tierra sintió un impulso por adentrarse en el mar, pues *ya desde el Paleolítico Superior tenemos la certeza de que grupos humanos pueblan zonas de la tierra a las que han tenido que acceder a través del mar* (Jorge Godoy, 1996). Llevado en gran medida en primer lugar por la necesidad primaria del hambre buscando en el mar alimentos para alimentarse, y por otra parte por la necesidad de desplazarse y buscar nuevos lugares donde establecerse superando sus temores ancestrales al mar. De esta forma el hombre construyó todo tipo de embarcaciones que se adaptaban a sus primarias necesidades para pescar cerca de la costa, para cruzar grandes ríos, bajar peligrosos rápidos o para desplazarse a través del océano buscando nuevos horizontes. Estas embarcaciones se construyeron con todos aquellos materiales que el hombre tuviera a mano y que se adaptaran a sus necesidades. La construcción estaría influenciada por las circunstancias que le rodeaban como las condiciones de navegación, climáticas, recursos naturales y el desarrollo social, económico y tecnológico.

Las sociedades que construyeron las primeras embarcaciones se dedicaban a la pesca, a la agricultura, al comercio o la guerra. Estas sociedades primitivas y antiguas tuvieron que ir buscando poco a poco las innovaciones tecnológicas para dar una respuesta eficiente a las necesidades de su sociedad, construyendo embarcaciones capaces de transportar personas y mercancías, de hacer grandes travesías y de afrontar las más duras batallas marítimas. Este aspecto iba ser determinante a la hora construir una nave, ya que el planteamiento preliminar antes de la construcción importante porque existían diferencias notables entre un barco que era diseñado para el comercio o para la guerra. Las embarcaciones se tenían que construir para favorecer las condiciones en que estos se iban a desenvolver, ya fuera el comercio o la guerra. De esta manera, los barcos que eran diseñados para el comercio debían tener gran capacidad de carga y los que eran diseñados para la guerra tenían que ser de fácil maniobrabilidad, rápidos y de una gran fortaleza.

La evolución de la navegación vino de la mano de la necesidad de comerciar y conquistar que hizo que los primeros pueblos navegantes pusieran los recursos necesarios para llevar a cabo estas misiones de las que dependía en gran parte su supervivencia como pueblo. Y, para la construcción de sus primeras embarcaciones, utilizaron los materiales y conocimientos que hasta ese momento poseían, construyendo embarcaciones simples y rudimentarias que satisfacían sus más urgentes demandas y que irían evolucionando con el paso del tiempo a medida que iban adquiriendo más conocimientos sobre la materia aumentaban los requerimientos sociales, políticos y militares.

Un claro ejemplo fueron los egipcios que en sus primeras incursiones marítimas adaptaron la construcción de sus embarcaciones a las condiciones de los vientos predominantes del Nilo, a los recursos materiales que poseían en esos momentos y a las necesidades de la sociedad y que, posteriormente, fueron adaptando paulatinamente la construcción de sus barcos a las condiciones que imponía el mar abierto y a las necesidades que florecieron fruto del auge de sus periodos comerciales y de conquista a lo largo del mar Mediterráneo.

El hombre se adaptó con diligencia a la hora de construir sus embarcaciones a las condiciones geográficas, climatológicas y físicas, utilizando la materia prima que tenía a su alcance; donde había madera se construyó con madera, caso de los pueblos europeos, celtas, escandinavos y vikingos, donde había juncos, se utilizaron juncos, caso de los indígenas del lago Titicaca o los egipcios que navegaron por el Nilo sobre embarcaciones de papiro.

El desarrollo tecnológico de los pueblos es otro elemento a la hora de analizar el origen de la navegación ya que este punto marcaría la deferencia entre los pueblos evolucionados tecnológicamente y los que no. Los primeros adaptaron rápidamente sus conocimientos científicos y matemáticos a la construcción naval y la navegación en general, caso de los egipcios, cretenses, griegos y fenicios, que fueron sin duda con diferencia los pueblos marinos más avanzados de la edad antigua.

La adaptación a las condiciones de navegación y a las condiciones climáticas que imponía el medio natural es otro de los aspectos al que el hombre supo superar con eficacia, de manera que construyó naves capaces de navegar con seguridad por ríos calmados o por ríos impetuosos, en zonas geográficas donde predominaban los fuertes vientos y aguas bravas, o costas calmas con poco viento, de manera que la embarcación se adaptaba incluso a condiciones cambiantes como, por ejemplo, las naves griegas o fenicias que estaban provistas de remos y velas que eran utilizadas en función de las condiciones climáticas predominantes. Los carpinteros eran conocedores expertos del medio donde se iba a desenvolver la embarcación y la función para la que iba ser utilizada, y en relación directa con estas condiciones las construían de una u otra manera.

Un aspecto que sería importante destacar es que el hombre ha respondido de forma similar en cualquier lugar donde se encontrase para resolver los problemas que le acarreaba su contacto con el mar, ríos o lagos. Se han encontrado evidencias en este sentido, como, por ejemplo, la construcción similar de embarcaciones de juncos en el Lago Titicaca y en el Nilo, sin que haya habido ningún contacto conocido entre estas dos culturas.

Las construcciones más comunes que el hombre utilizó para lanzarse a la aventura de la navegación en mares, ríos y lagos, fueron embarcaciones de origen vegetal, de madera, bambú, papiro, ambatsch, totora o cualquier elemento vegetal que tuviera unas condiciones estructurales óptimas de flotabilidad. También se utilizaron embarcaciones de origen animal (caballo, vaca, búfalo, bisonte, ballena, etc....) principalmente las construidas con piel de los animales que cosidas cubrían un armazón de madera que permitía navegar por las costas cercanas y cruzar ríos y lagos.

Por las razones apuntadas, se pueden considerar dos tipos de embarcaciones que se construyeron a partir de la utilización de los materiales anteriormente citados. En primer lugar, las embarcaciones de origen vegetal que eran de muy fácil construcción y que requerían la utilización de pocas herramientas. Estos tipos de embarcaciones se registraron en lugares cálidos donde las inclemencias del frío proveniente tanto del aire como del mar no hacían muchos estragos y sus tripulantes podían soportar con relativa facilidad las inclemencias del tiempo. De estas embarcaciones de origen vegetal podemos distinguir dos tipos básicos que son las construidas con cañas (papiro y totora) y las de madera. Las de juncos se construían uniendo varios juncos con sofisticados nudos. Uno de los ejemplos más estudiados son las construcciones de embarcaciones de caña del pueblo egipcio. Heyerdahl (1983) hace un estudio del este tipo de embarcaciones y plantea que fueron las que más se utilizaron en toda la cuenca del Mediterráneo durante los albores del mundo antiguo hasta que se comenzaron a construir las naves de madera. Heyerdahl plantea que el pueblo egipcio pudo adentrarse hacia el mar con embarcaciones de juncos. El mismo construye una nave de juncos y demuestra que se puede navegar en mar abierto con este tipo de embarcaciones

Por otra parte, las que se construyeron con madera utilizaban los troncos de árboles vaciando su interior con la ayuda del fuego o uniendo varios troncos. De los troncos vaciados por su interior la más común de estas construcciones era la canoa monóxila que fue utilizada por los pueblos por su fortaleza, estabilidad y su increíble maniobrabilidad, especialmente en ríos, lagos y aguas no muy bravas.

En segundo lugar, nos encontramos con las embarcaciones que se construyeron con materiales de origen animal, es decir, embarcaciones hechas con piel que se construían cosiendo varias pieles de animal para luego coserlas a una estructura de madera. Este tipo fue muy utilizado en la antigüedad y ha llegado hasta nuestros días como el Kayak esquimal y Umiak, el Curragh irlandés y el Coracle galés. Las de canoas de piel fueron utilizadas por pueblos cuyo acceso a la madera no era fácil o no tenían los conocimientos técnicos suficientes y las herramientas necesarias para construir barcos de madera. Fueron utilizados en ríos y lagos y muy raramente en el mar abierto porque la fuerza del mar o el contacto con los arrecifes podría ocasionar a estas embarcaciones roturas. No se ha podido establecer con exactitud si hay alguna influencia directa de este tipo de embarcación sobre las posteriores construcciones navales, ya que no han quedado evidencias arqueológicas sino iconográficas de las que se deduce que podía haber algún tipo de relación entre aquellas y estas. Este tipo de embarcaciones se usaron para cubrir las necesidades básicas principalmente la pesca, el transporte de personas y mercancías y un pequeño comercio (trueque) entre las poblaciones cercanas.

Es muy posible que estas distintas clases de embarcaciones convivieran y se desarrollaran en el tiempo de una forma paralela, que se usaran para cubrir las mismas necesidades, y que fueran punto de partida para la comprensión del mar y de sus particularidades y para la construcción de embarcaciones más complejas técnicamente. Lo que no se sabe con seguridad es cual fue el punto de inflexión que dio lugar al cambio tecnológico que posibilitó la construcción de embarcaciones más evolucionadas pero que muy posiblemente tenga relación con los cambios sociales, técnicos y económicos que se produjeron en esos pueblos.

Con estas sencillas embarcaciones que cubrían sus necesidades y cumplían sus funciones, el hombre logró desplazarse y conocer lugares donde no se podía llegar sino atravesando el mar con sus naves rudimentarias de origen vegetal o animal. Pero los navegantes propiamente dichos, los que conocían los vientos, las mareas, la orientación a través de las estrellas, las rutas marítimas y la tecnología suficiente para construir naves capaces de atravesar grandes mares, no aparecerían hasta pasados muchos siglos de navegar rudimentariamente, de experimentación, de fracasos y de éxitos marítimos.

Martín Fernández Navarrete (1846) afirma que el origen de la navegación debe buscarse en la necesidad que los primeros hombres al esparcirse por la tierra tuvieron de atravesar los ríos que les impedían su marcha: en cuyo caso debieron fijar su reflexión en ver flotar sobre las aguas algunos cuerpos livianos y los troncos de los árboles desarraigados y arrebatados por la impetuosidad de los torrentes a las madres o cauces de los mismos ríos: y de aquí, presentárseles naturalmente los medios de vencer aquellos obstáculos con maderos, tablones o corchos con que formaron las primeras balsas, sin que para una invención tan sencilla y natural hayamos de recurrir al Príncipe de Eritra como lo hace Plinio. Pero no cabe duda, que es muy difícil comprobar la existencia de los primeros balbuceos del arte de la navegación, pero es indudable que éstos existieron y fueron el paso previo al desarrollo de las primeras talasocracias de la Edad de Bronce, que aparecen ya con buenos conocimientos de ingeniería náutica y de técnicas de navegación (Jorge Godoy, 1996).

A este respecto, Parry (1989) nos indica que *de los tipos que nos interesan [...] uno consistía en un tronco de árbol vaciado por medio de fuego y la piedra o con conchas, para que flotase y cupieran en él dos remeros y sus escasas pertenencias. Otro era una balsa construida con troncos o tallos capaces de flotar-bambúes, haces de caña huecas, racimos de plátanos, ramas de ambash o troncos ligeros como los de madera de balsa-atados unos a otros. El tercero era una cesta o armazón parecido a una cesta hecho de cañas flexibles, también atadas unos a otras y cubiertas con pieles o algún otro material impermeable, para que no entrase agua. De alguno de estos inventos primitivos, o de alguna combinación de varios de ellos, descienden todos los barcos o embarcaciones seguros.*

De Juan y Fernández (1980, 1) plantean que, *En todos los pueblos, lo primeros ensayos de navegación debieron de ser muy sencillos. Los hombres se valieron para realizarlos de los medios y materiales que la naturaleza les ofrecía. En unos países, gruesos troncos ahuecados, en otros, cañas atadas, pellejos de bestias bien henchidos de aire, formaron los primeros elementos de la embarcación. Poco a poco se perfeccionaron, convirtiéndose en piraguas las canoas, en almadías las balsas y en coracles los pellejos. Las piraguas evolucionaron rápidamente, levantando sus bordajes, ensanchando sus costados, cubriéndose con tablas y dando así la pauta del vaso cerrado insumergible y ligero del que desde muy antiguo se sirvieron los pueblos orientales.*

Las balsas y almadías progresaron muy poco, y las que hoy se usan no difieren apenas de las primitivas. Los pueblos guerreros y emprendedores las modificaron para utilizarlas en sus atrevidas excursiones marítimas. Como la madera no abundaba en todos los países, tuvieron que aprovechar otra clase de materiales. Los egipcios empleaban los tallos de papiro atándolos en haces para formar sus primeras embarcaciones. Los asirios y los persas de las costas se servían de cañas sujetas por sus extremidades y ajustadas a unas toscas costillas que formaban la concavidad. Los babilonios utilizaron los cueros de sus bueyes para forrar los armazones semiesferoides, en tan ligero aparato descendían por el tortuosos Éufrates. Esta embarcación, que aún existe hoy en día con el hombre de Koufech, se ve representada en algunos bajorrelieves asirios.

También los abisinios, los escandinavos, lapones, islandeses, canadienses, y otros pueblos se sirven de los cueros de cuadrúpedos y anfibios para construir sus embarcaciones.

Martínez Hidalgo (1980, 14-15) indica que *la evolución fue partiendo de estos siete flotadores elementales: frutos (calabazas), cortezas de árbol, tallos, madera, cañas, pieles y cerámica.[...] En el proceso evolutivo del tronco de árbol a la embarcación hay que considerar que en un principio al hombre el tronco le serviría de mero apoyo para sostenerse sin fatiga, y hay que desterrar el tópico tan extendido del hombre montado a horcajadas; para esto tuvo que ingeniar la balsa de varios troncos, ya que el ser humano sobre un solo tronco compone una masa inestable. El tronco fue ahuecado después para hacer la canoa monóxila, que se convertía en embarcación o en tingladillo o montando como tejas planas (sistema nórdico o vikingo).*

[...] Los haces de juncos de papiro o de totora[2], amarrados unos a otros formando almadía, pueden ser uno de los primeros

---

[2] A este respecto Heyerdahl (1983, 15) nos dice [...] *diversas muestras del arte del Viejo Mundo indican claramente que, en los países Mediterráneos, la primera forma de barco de casco de madera se desarrolló a partir de una forma anterior de nave de juncos. Este tipo de naves y representaciones de la misma se han encontrado en todo el Mediterráneo desde Mesopotamia, Egipto, las costas de la Siria actual, el Líbano e Israel, pasando por Chipre, Creta, Corfú, Malta, Italia, Cerdeña, Libia, Argelia y hasta la costa atlántica de Marruecos, pasando por el estrecho de Gibraltar.* Mas adelante (1980, 20-21) nos indica *A juzgar por los signos jeroglíficos y por el arte religioso y mesopotámico, es evidente que las naves de juncos eran ya una parte integrante de la cultura mesopotámica antes de que surgiesen en esta zona la ciudades-estado, y probablemente éste fue el único tipo de embarcación conocido durante la época de las primera dinastías.[...]Las embarcaciones de juncos y las balsas de troncos precedieron a las naves de casco de madera tanto en Asia Menor*

artificios del hombre para aventurarse a las aguas. [...] La piragua monóxila se mantiene en las costas africanas, en América de Sur, y en Oceanía. Su más antigua referencia es del año 600 (a. de J.C.), y el canalete para impulsarla de hacia el 7500 (a de J.C.), y no falta quien le añada un milenio y medio más. En Europa, la piragua monóxila era empleada en Escandinavia a comienzos de este siglo.

Los pellejos de animales inflados, según pueden verse en el bajorrelieve asirio de 700 a de J.C. en el British Museum, en una escena que muestra a guerreros que huyen de quienes los persiguen con auxilio de estos flotadores. Desde Armenia a la costa occidental de China y Mongolia, los flotadores a base de pieles de animales infladas tienen una amplia distribución.

Que el hombre siempre sintió la necesidad de echarse al mar en busca de nuevos horizontes, es un hecho y que construyó para ello unas embarcaciones rudimentarias que se adaptaban a sus necesidades primarias también es innegable. Heyderdahl (1983, 13-15) aporta una serie de datos al indicar que *el hombre navegó a vela antes de ensillar un caballo. Navegó con ayuda de pértigas y pagayas por los ríos y se lanzó al mar abierto antes de viajar en un vehículo de ruedas por un camino. Los primeros vehículos fueron acuáticos. Gracias a ellos, el mundo de la Edad de Piedra empezó a empequeñecerse. Izando una vela o dejándose llevar*

---

como en Egipto, y lo mismo viene demostrado por las más antiguas representaciones navales que figuran en sellos y petroglifos procedentes de las antiguas civilizaciones de Chipre, Creta y Malta.

simplemente por las corrientes, los hombres prehistóricos pudieron establecerse en las islas. [...] Las embarcaciones fueron la primera y principal herramienta del hombre para su conquista del mundo[...] Resulta evidente que la primera preocupación del hombre al construir una embarcación fue resolver el problema de la flotabilidad. Este objetivo se consiguió en todo el planeta partiendo de dos principios completamente opuestos. Uno de ellos consiste en montar una embarcación abierta al agua empleando para ello piezas que son por sí mismas flotantes, hasta que la construcción resultante posea suficiente flotabilidad para transportar la tripulación y la carga que hagan falta. El segundo principio parte de la construcción de un casco estando que debe su flotabilidad no al material con que está construido, sino al volumen de agua que desplaza. Si pasamos revista a las más antiguas representaciones de naves que se poseen veremos que las embarcaciones se desarrollaron a partir de la primera de estas dos categorías y no, como se suponía corrientemente, a partir de la canoa hecha mediante un tronco ahuecado. Esta contribución fue fundamental para la construcción de un fondo cultural de conocimientos que fueron la estructura sólida sobre la que se levantó todo el posterior desarrollo naval de los pueblos

Origen de la navegación a vela

Uno de los mayores avances en la historia de la navegación es la aparición de la vela como medio de propulsión que utilizaba el viento como motor, lo que permitió por primera vez al hombre llegar donde jamás había llegado y empezar un periodo de desarrollo y expansión hasta el momento inimaginable. La visión del mundo cambió, ya no había fronteras, barreras insalvables; se abría ante los pueblos navegantes posibilidades de expansión económica, social, tecnológica y cultural a través de los puentes de comunicación que les posibilitaba la navegación a vela, y que fueron bien aprovechados por los primeros pueblos marinos: los cretenses, egipcios fenicios , griegos y romanos, que lograron un gran desarrollo en todos los sentidos y satisficieron sus ansias colonizadoras hasta conquistar poblaciones que estaban alejadas miles de kilómetros.

La aparición de la vela fue sin duda una revolución semejante a la aparición de la agricultura, del metal, o de la rueda, ya que permitió al hombre establecer conexiones que hasta el momento no había establecido porque se lo impedían grandes montañas, los desiertos o las grandes selvas. Desde que el hombre antiguo descubrió las ventajas de la utilización de las velas para sus travesías costeras o sus grandes viajes y la posibilidad de comerciar o conquistar otras tierras lejanas, los ríos, los lagos y los mares se convirtieron en grandes *autopistas* del comercio y de la conquista, teniendo una significación social, económica y estratégica que hasta la fecha era impensable.

El comercio marítimo dio un impulso definitivo a la navegación a vela. La imperiosa necesidad de algunos pueblos netamente comerciantes como los egipcios, cretenses, fenicios y griegos, los llevaron a buscar nuevas formas más rápidas de comunicación entre los pueblos ya que las rutas terrestres estaban sometidas a continuos avatares resultantes de la propia inseguridad de estas rutas y del tiempo que se empleaba en recorrerlas.

Estos pueblos, y, posteriormente los romanos, tenían por todo el Mediterráneo pueblos con los que comerciar, unos como consecuencia de su propia actividad comercial y otros como resultado de los procesos de conquista llevados hasta la fecha, con los que se veían en la obligación de mantener periódicos contactos para consolidar su hegemonía en la zona y para incrementar la propia actividad comercial.

En relación con la aparición de la navegación a vela, Heyerdahl (1983, 28) plantea que *la vela más antigua conocida es la que representa en el antiguo Egipto, una vela cuadra o redonda, en realidad de forma trapezoidal, mucho más ancha en su parte superior que en la parte inferior*

En esta línea Llamas Ruiz (1995) indica *que la primera representación de una embarcación a vela, muy semejante a las actuales balsas de papiro, se encuentra en un dibujo en un vaso egipcio, datado hace más de 6000 años.* Posteriormente nos indica que *entre el año 2000 a de Cristo y el 1100 después de Cristo los polinesios se expandieron por los archipiélagos de océano pacífico, explorando nuevas tierras. Para ello utilizaron sus ligeras canoas provistas de balancín y de velas triangulares.*

Respecto a los polinesios Almagro-Gorbea (1994, 28) indica, *Pero la canoa más sencilla, la general de los navegantes, era una canoa de tronco vacía, con balancín, movida a remo y auxiliada de una vela triangular sostenida por un corto mástil.*

En esta línea, Parry (1989) manifiesta que *la arqueología submarina [...] poca ayuda nos ofrece en lo referente a la historia de la vela, que sólo puede seguirse por los grabados y las descripciones y de los tipos que han llegado hasta nosotros. La forma de la vela más obvia y más primitiva es un sencillo cuadrado o rectángulo con un borde atado a una verga horizontal, la cual está suspendida en su parte de equilibrio de un palo vertical, y cuando está en reposo, formando ángulo recto con la crujía del barco.*

Jorge Godoy (1996, 21) citando a Casson, nos aporta un dato importante al indicar que *Navegaban principalmente a vela, pues desde su descubrimiento, en torno al 3.500 a., de C., había sido utilizada sobre todo por los barcos mercantes, debido a que un gran número de remeros rentabilizaría poco las operaciones comerciales, por lo que los remos se utilizarían en las entradas y salidas de puerto o cuando cesase el viento y la distancia fuese corta.*

Con los datos históricos y arqueológicos con los que contamos, no podemos afirmar con rotundidad donde se originó la navegación a vela ya que no existe evidencia en este sentido, pero se puede suponer que antes de las primeras y más antiguas noticias egipcias de embarcaciones a vela que aparecieron representadas en sus monumentos funerarios, algunos pueblos ya utilizaron la vela como medio de propulsión de un modo rudimentario para atravesar los mares y los ríos hasta llegar a una alta sofisticación.

De la mano del desarrollo del comercio marítimo se empezaron a construir naves de más calado impulsadas con grandes velas cuadras de dos o tres palos, capaces de transportar la mayor carga posible y llegar a los puertos más lejanos. La capacidad de un barco se medía en la edad antigua por el número de ánforas o vasijas que podía transportar. La longitud aproximada de este tipo de barcos era de 15 metros que se deduce de los datos extraídos de la iconografía. Un barco de esta envergadura podría transportar 150 toneladas métricas. En esta línea, Heyerdahl (1983, 33) comenta: *Todos los datos disponibles indican que fue alrededor del tercer milenio antes de nuestra era cuando los pioneros en arquitectura naval del Oriente medio adoptaron la medida revolucionaria consistente en reemplazar los haces compactos de papiros por un casco hueco de madera, en el que durante un largo período de transición imitaron las líneas características de sus naves de tallos anteriores. Pueblos que tenían acceso a los cedros del Líbano, cuya madera se hiende con facilidad y es increíblemente duradera, fueron los primeros en abandonar las naves de papiros, material que recibían por mar desde Egipto. Estos pueblos fueron los hititas y los fenicios. Acto seguido, los propios egipcios empezaron a importar cedros del Líbano, con los que construyeron sus propias naves de placer y de carga, destinadas a la navegación por el Nilo. Durante esta época, el comercio entre las naciones marítimas de la zona alcanzó tal importancia, que el antiguo puerto de Biblos, en el Líbano, contaba con un muelle especial destinado exclusivamente al comercio con Egipto.*

De Brossard (2000, 48) argumenta que *sin duda alguna los primeros modelos marinos fueron cretenses y fenicios. Las ciudades de Grecia no se ocuparon más que de "coger el marco en marcha". Y a pesar de todo no tenemos ninguna representación de navío cretense de la época minoica. Túcides (L-I-IV) escribe, no obstante, que "es Minos el que, según la tradición, fue el primero en poseer una flota...; además, hizo desaparecer en lo que pudo la piratería. Los navíos de la talasocracia cretense en su apogeo, del siglo XVII al XV, eran ya el resultado de una larga evolución, para el estudio de la cual nosotros tenemos como testimonio únicamente pequeños objetos que no permiten una reconstrucción.*

Se tiene sin embargo la certeza de que, antes que los griegos, una civilización egeo-cretense poseía la cuenca oriental. Fue allí donde todos los pueblos Mediterráneos y del Próximo Oriente, como en la escuela, aprendieron el oficio del mar, salvo los egipcios, los persas y los habitantes del Éufrates, que estaban acantonados en la navegación fluvial.

Hacia el año 500 los barcos, teniendo en cuenta los materiales que se disponía, habían conseguido un cierto equilibrio entre los servicios para los que eran construidos y las posibles técnicas.

Los griegos, fenicios y romanos diferenciaban entre las embarcaciones que destinaban al comercio y las que utilizaban para las contiendas militares marítimas. Las embarcaciones comerciales eran de más calado, con más peso y su maniobrabilidad era más reducida que las militares. Se utilizaban para el comercio, el transporte de personas y para las exploraciones y en los tiempos de guerra para transportar soldados y mercancía de guerra.

De Brossard (2000, 49) realiza un conjunto de afirmaciones que nos parece necesarios citar *Los barcos mercantes de los orígenes de la conquista del mar eran ventrudos, sobresalían aparentemente bastante del agua, y a pesar de ello, bajo la línea de flotación había un enorme espacio lleno de ánforas en tres o cuatro pisos, superpuestos. En el fondo, minerales o lingotes de cobre, sacos de cereales, verdura y los objetos preciosos en cuidados embalajes.*

Los cálculos serios muestran que la mayor parte de estos navíos tenían entre 20 y 40 metros como máximo, de 15 a 35 en línea de flotación, que tenían más o menos de ancho un cuarto de la longitud y una altura de calado de 3 a 4 metros. Eran barcos de ciento cincuenta a trescientas toneladas, muy robustos.

[...]Todos estos navíos tenían una quilla sólida y, según la forma de la estructura, eventualmente una contraquilla. La rigidez longitudinal estaba reforzada por costillas. Debía haber una cierta

flexibilidad en la construcción, que utilizaba sin embargo junturas muy perfeccionadas y precisas con muescas, lengüetas de junturas y pernos de madera y de cobre.

Estos barcos de carga, egeos, fenicios o griegos, se pasaba un cable sólido de atrás hacia delante, sujeto por agujjeros hechos en los pares, en el eje superior de la quilla. Sin duda era un cable fuerte y resistente a la putrefacción y a la constante humedad del fondo de la cala.

Uno o dos cables más formaban un cinturón, también tensados alrededor del casco justo por debajo de las falcas, como elemento de unión o de defensa.

El aparejo generalmente tenía un solo mástil central tensado con tablas y obenques, llevaba una vela cuadrada unida a una verga por dos partes y orientada por cables y escotas; la orientación variaba poco debido a que no tenían que apartarse de las corrientes de bajura. Tal medio de propulsión hacía los viajes muy lentos, pues no se empleaban remos en las rutas normales, a causa del alto coste de la boga y del espacio que se perdería si fuese ocupado por hombre, con la condición de sacrificarse en la duración del trayecto.

Las embarcaciones más corrientes en la antigüedad fueron los Pentecontores, Birremes y Trirremes que fueron usados por los griegos, fenicios y romanos indistintamente y que surcaron las aguas del Mediterráneo e incluso el Atlántico en diferentes épocas. De Brossard (2000, 52) indica que *pronto llegamos a un tipo de barco que fue la maravilla de todas las aventuras marítimas: El*

Pentecontores. Navío de cuarenta a cincuenta toneladas, 27 metros de largo entre perpendiculares, 3,6 de ancho y un puntal de menos de un metro. Con sus cincuenta remos podía alcanzar los cinco nudos, velocidad a la que podía llevarle a su gran vela cuadrada con un viento de popa de fuerza 3.

"Era un navío que maniobraba con dos remos de gobierno, era capaz con buen tiempo de alcanzar a cualquier carguero. [...]Había también cisocores de veinte remeros y triacontores de treinta, pero, durante siglos, fue el pentecontore quien dictó la ley en el mar Egeo, de Atenas a Menfis y de Corinto a Ponto Euxino.

Embarcaciones de más de tres órdenes que aparecen en la literatura de la época como los cuatrirremes y barcos de más órdenes como el Tessaracontores de Tolomeo Filopator con cuarenta niveles obedecían más a una intención de ostentación de poder que a la posibilidad real de ser utilizados para las contiendas navales o el comercio. Morrison indica que, *en realidad, pese a que hay muchas representaciones de galeras a remos del período en que se empleaban barcos de denominación mayor que el Triéres, no hay ninguna pintura antigua del barco de guerra con remos a más de tres niveles* (VV. AA, 1995, 48)

Por otra parte, las embarcaciones que tuvieron mayor protagonismo durante muchos siglos en toda la cuenca del Mediterráneo fueron las galeras de más de dos órdenes, el birreme y trirreme. Pero el verdadero protagonista la edad antigua fue el trirreme con su primacía incontestable desde un punto de vista comercial y militar.

En la literatura que va del siglo V y parte del IV antes de Cristo, autores como Heródoto, Tucídides y Jenofonte, relatan las características de las naves de la época y las contiendas navales que se celebraron durante esos siglos y, por supuesto, en la iconografía de murales, vasos y vasijas aparecen representaciones de las embarcaciones de dos y tres órdenes tanto Cretenses, Griegas Fenicias.

De Brossard (2000, 52) afirma sobre el birreme y el trirreme que *Fue el año 700 aproximadamente cuando un constructor corintio, Ameinocles, lanzó la birreme, en cuya cubierta dispuso dos pisos para cien remeros. Consiguió un modelo que no iba mucho más rápido, pero que se desplazaba mejor en el mar y, con un peso de setenta y cinco toneladas, podía transportar más de setenta y cinco combatientes y a veces más carga. Sus características: 31m de largo, 4,2m de ancho y 1,10m de puntal.*

Ameinocles no se detuvo aquí y, considerando su birreme como un modelo de transición, muy pronto creó la famosa trirreme, que desde el siglo VII y sobre todo en las grandes guerras contra Persia en el siglo V, la guerra de Sicilia y la que opuso a Atenas y Esparta, constituyó el grueso de las fuerzas navales, y además de algunos pentecontores más ligeros. Por su constante utilización en combate o para vigilar, el trirreme tomó la forma de navío de estado.

El trirreme se paseó por el Mediterráneo como el dueño y señor de los mares que, con su capacidad de maniobra, su adaptabilidad y su velocidad se impuso tanto en rutas comerciales marítimas como en las contiendas navales, siendo la nave más usada desde los griegos hasta los romanos, pasando por los fenicios.

De Brossard (2000, 53) realiza un conjunto de afirmaciones sobre el trirreme que es importante traer aquí por la clarificación que nos aporta *Podemos deducir, por sus dimensiones y por otros parámetros, que estas naves características de la antigüedad debían tener 37 m de largo, 34 m en la línea de flotación, un puntal de 1,10 y un calado de 1,50 m. Se sabe que conseguían una velocidad de cinco nudos. Tenía un casco bastante plano, ancho como una ballenera y muy fino. Deducimos que desplaza ochenta y tres toneladas, no mucho más que la birreme.*

[...] Todavía no se ha resuelto con certeza el interrogante de la colocación de los remeros y de los remos. Pero se supone que el remero trabajaba sentado de cara a popa. Las representaciones que tenemos nos muestran los agujeros de los remos en la quilla, en grupos de cinco y muy próximos, lo que nos inclina a pensar que los remeros estaban sentados en escala o en tres niveles, sobre tablas dispuestas de esta manera.

[...] Sólo había un mástil, salvo raras excepciones. La vela de tela de lino se sujetaba con una sola verga con brazos y el borde inferior, libre, con escotas. Había dos tipos de velas. Una grande para las travesías con viento de popa y una pequeña para el combate. Los combates se libraban cerca de las costas, donde se dejaba la grande para utilizar sólo la pequeña

A este respecto, hay autores que mantienen que los trirremes tenían efectivamente tres órdenes a distintos niveles y que su maniobrabilidad era perfectamente compatible con esta circunstancia y han planteado experimentos de reconstrucción de un trirreme como el Triere Trust creada en 1982, para demostrar que efectivamente la navegabilidad del trirreme era posible.

La navegación a vela necesitó de personas que conocieran a la perfección los rumbos y los vientos, de manera que pudieran navegar con tranquilidad y llegar a sus destinos con la mayor fiabilidad, incluso navegando con el viento y siempre bordeando las costas.

Las galeras también se utilizaron para la guerra, que en este caso adquiría una serie de características que la diferenciaba de las galeras comerciales. Las características fundamentales residían en su mayor capacidad de maniobra, la mayor resistencia y el uso de remeros para ganar velocidad a la hora de entrar en combate. Un aspecto que las distinguía era el espolón que fue usado por griegos, fenicios y romanos en sus contiendas navales y que era usado para abordar a los barcos enemigos con la intención de hundirlos. La velocidad era un elemento importante a la hora de entrar en combate, porque la combinación de la velocidad junto con el espolón hacía a este tipo de galeras muy peligrosas. La velocidad aproximada que podía alcanzar una galera era de 9.5 nudos y solían llevar aproximadamente 50 remos, 25 por cada lado de la galera. Las galeras que usaron los griegos y fenicios eran muy similares porque tanto unos como otros copiaron de sus vecinos aquellas innovaciones que les parecían más novedosas. Los romanos se limitaron a utilizar a los carpinteros de rivera procedentes del Mar Egeo, griegos y fenicios.

La necesidad de conquista de nuevas tierras e incrementar el comercio con los pueblos limítrofes junto con el perfeccionamiento de la construcción naval, el uso de materiales más resistentes y el conocimiento de las técnicas básicas de navegación, dieron el impulso definitivo para que la navegación a vela se convirtiera sin lugar a duda, en el hecho más relevante e importante de la antigüedad que cambió de una forma rotunda la concepción del mundo que se tenía hasta la fecha. Además, a medida que las rutas del mar Mediterráneo se fueron haciendo cada vez más seguras como consecuencia del predominio naval primero de los cretenses, luego de los griegos y, posteriormente de los romanos, se intensificó el comercio entre los países colindantes, lo que aumentó la construcción de embarcaciones y que se desarrollara los conocimientos y las técnicas navales.

Hemos considerado adentrarnos en el estudio específico de los pueblos que se desarrollaron en las zonas de influencia del Mediterráneo como los egipcios, cretenses, fenicios, griegos y romanos, para tratar el origen y evolución de la vela, porque es un marco histórico-geográfico que tuvo una relación directa con el origen de la vela latina y donde existen más fuentes históricas y arqueológicas sobre la historia de la navegación.

Egipcios

Fue un pueblo que se desarrolló a orillas del río Nilo. Esta circunstancia sumada a sus altas posibilidades de contacto con los pueblos de la cuenca Mediterránea hizo que muy pronto se viera en la obligación de controlar las técnicas de navegación como las de construcción porque de ello dependía su desarrollo como pueblo. Los egipcios contribuyeron con sus naves a la historia de la navegación, y son los que nos han permitido con sus representaciones datar de una forma precisa el comienzo aproximado de la navegación. Así, hay grabados del año 3400 a. C. aproximadamente que representan embarcaciones egipcias. Hay grabados tan detallados como los de murales de Dayr al-Bahari datados aproximadamente en el año 1500 a. C., que representan barcos cargueros de la flota mercante egipcia. Son embarcaciones con una sola vela cuadra con remos a estribor y babor.

De Brossard (2000, 15) en referencia a estos murales nos dice que *Son barcos ligeros para transportar materiales preciosos, poco voluminosos y relativamente pesados, pero también aptos para el combate. Es el armamento tipo para el comercio y la guerra. Son diseñados para navegar perfectamente a remo, elegantes, levantados en la parte de popa, con el adorno artístico de la flor de loto que se vuelve hacia adentro por encima de la plataforma del capitán, y en la parte de proa. Llevan treinta remeros, los oficiales, algunos marineros para la vela y un grupo de arqueros, cincuenta hombres en total. Tienen 22 metros de eslora, 13 en la línea de flotación, 1,5 de altura de la borda y 1.20 de calado. Aproximadamente cincuenta toneladas que desplazar, de las cuales quince se utilizan para la carga. Plataforma de mando en popa y de combate en la parte delantera. De este modo pueden avanzar a cinco nudos con su vela cuadrada y a tres o cuatro con los remos. Su velamen es típico de la época del Imperio Nuevo con dos varas simétricas y curvas. No tienen espolón. Necesitan que haga buen tiempo para poder navegar cerca de las costas.*

Estos grabados demuestran que los egipcios tenían una gran flota ya no solo para navegar por el Nilo, sino para adentrarse hacia los confines del Mediterráneo, ya sea para comerciar o para conquistar tierras.

Los egipcios era un pueblo muy apegado al Nilo y sus rutas comerciales tempranas estaban muy ligadas al entorno fluvial y terrestre. Jorge Godoy (1996, 33) indica que *El tráfico comercial por medios marítimos era muy escaso y básicamente de cabotaje, recorriendo pequeñas distancias y sin perder de vista la costa. Se utilizaban principalmente, las vías fluviales que servían de conexión interior y eran menos arriesgadas. Buen ejemplo de ello serán los egipcios cuyas embarcaciones estarán adaptadas al transporte de personas y de mercancías por el Nilo, que fue, además, su principal arteria de comunicación y que ofrece la mejor forma de hacerlo, pues goza de un viento que suele soplar del norte que les permite remontar el curso del río; a la vuelta sólo deben dejarse arrastrar por la corriente o remando en el caso de que tuvieran prisa. Las naves, pues, estaban construidas, expresamente para este fin; su estructura, en general, no estaría preparada para enfrentarse al mar con sus intensas corrientes y sus frecuentes tempestades capaces de arrastrar y destruir a la más perfecta de las flotas, y, ciertamente, la flota egipcia no lo era*

Ya en el 2700 a de C la civilización egipcia se había desarrollado económica y políticamente y requería una arquitectura naval capaz de construir embarcaciones que satisficieran las sus necesidades emergentes, esto es, el comercio y la conquista de territorios. La supremacía militar y comercial de los egipcios les permitió que poco a poco se hicieran los dueños y señores de Nubia, Libia y otros países del Alto Nilo, que les proporcionó no sólo beneficios económicos, sino contar con la madera (como en Biblos, actual Líbano, donde abundaban los cedros) suficiente para construir barcos más resistentes y como consecuencia sus travesías se hicieron cada vez más largas. Esta circunstancia era de vital importancia para los egipcios porque no contaban con árboles lo suficientemente grandes para construir embarcaciones más grandes y resistentes y fabricar ornamentos relacionados con las frecuentes actividades religiosas.

Una de las más ilustradas travesías mercantes fue la promovida por la reina Hatsepsut (1504-1482 a. C.) hacia la tierra de Punt, donde se cree que está la actual Somalia, es decir, 4.000 km entre ida y vuelta. Este tipo de embarcación llevaba una sola vela y 15 remos por banda con una eslora aproximada de entre 24 y 27 metros. Estos barcos fueron tecnológicamente muy avanzados, y preparados para soportar grandes travesías. No existen datos que nos digan cómo se construyeron, pero posiblemente tuvieron influencia de otros pueblos por sus conexiones comerciales y entraron en contacto con sus técnicas constructivas navales.

Tyler (1999, 26) afirma que *los egipcios, por otra parte, habíanse dado cuenta, con una mentalidad típicamente marinera, de la utilidad de una vía de comunicación entre el Mediterráneo y el Mar Rojo. [...] ya en 1900 antes de Jesucristo, construyendo un canal de 72 kilómetros de largo que unía el río Nilo con el Mar rojo. En 617 antes de Jesucristo el faraón Neko, aún empleaba a 120.000 hombres en las obras de reparación del canal que tenía 45 metros de ancho y una profundidad de 3 a 6.* Estas circunstancias hicieron que la tecnología naval fuera evolucionando al mismo ritmo que se desarrollaba la sociedad egipcia así pasaron de construir en los primeros tiempos balsas y canoas de juncos de papiro y pequeñas embarcaciones con la madera de las acacias y las higueras (sicomoros) a construir con la madera procedente de Biblos, embarcaciones de gran calado para el comercio y la guerra, utilizando los conocimientos de los fenicios para estos menesteres y para formar a los marinos egipcios.

De Brossard (2000, 18) refiriéndose a los fenicios indica que *Durante toda la vida los constructores egipcios han tenido en cuenta que era imposible enviar restas naves al mar, los faraones recurrieron a la construcción extranjera y, muy pronto, los fenicios construyeron para ellos naves del tipo kepen (según el antiguo nombre de Byblos), cuya estructura, con quilla y cuadernas, era de madera resistente de pino de Alep y cedro importados precisamente de Biblos. A causa del servicio que debían realizar en el mar, su forma era menos alargada, los extremos, sobre todo el delantero, menos levantados y, cuando se trataba de barcos de carga, eran más panzudos, un modelo casi idéntico a los de los fenicios. Los destinados al cabotaje en las costas, eran menos anchos y estaban dotados de una treintena de remeros; en cambio los cargueros navegaban sobre todo a vela.*

Una muestra irrefutable de la tecnología naval egipcia fue el hallazgo de la nave Solar de Cheops, la embarcación más antigua existente. Esta nave *construida unos 2700 años antes de Jesucristo, tenía una eslora de 43.5 metros, y era tan perfectamente hidrodinámica y elegante, que los vikingos no construirían una embarcación tan graciosa ni más marinera cuando, varios milenios más tarde empezasen a cruzar la alta mar en naves más pequeñas, pero de líneas similares* (Heyerdahl, 1983, 24).

Las embarcaciones primeras que construyeron los egipcios fueron fabricadas con juncos ya que las maderas que tenían disponibles la acacia y el sicómoro eran muy quebradizas y no favorecerían la construcción de barcos seguros. Los barcos hechos de juncos de papiro prevalecieron en el tiempo y convivieron con otros tipos de embarcaciones cuando ya los egipcios tenían posibilidad de construir con madera de cedro procedente de la ciudad de Biblos y copiaron la forma de los barcos hechos de juncos de papiro. A este respecto, De Broossard (2000, 16-17) realiza distintos comentarios que recogemos *La forma de los navíos en general, más o menos arqueada, es la de una simple barca de papiro hecha un manojo en sus extremos levantados. Tratada con arte, esta es la base inmutable de todo tipo de barcos de comercio, de transporte ligero o de combate, concebidos para los ríos y los canales. Todo ello responde a una necesidad vital inmediata de un pueblo de marineros. [...] Las dimensiones máximas están impuestas por los materiales del país: madera de palmera de Nubia y sicomoro. No son resistentes, pero los hay en abundancia.*

La técnica de construcción contribuye a limitar la longitud de las naves. Normalmente se utilizan piezas de madera cortas, de un codo o poco más- el codo real mide 0,525 m- Los numerosos elementos del casco están unidos con machos y mortajas, con o sin lengüetas, y dispuestos como los ladrillos de una pared, en sucesivos giros y sin que las uniones verticales se cruzaran. Los desplazamientos se evitan con las clavijas. [...] En las barcas medianas no hay cuadernas ni quilla. Son las tablas traversas del puente las que aseguran la solidez transversal. Para tamaños más grandes, se utilizan cotas medianas y, en los lados, un armazón vertical al eje, sin ser necesario utilizar roda ni codaste, pero que, unido por un solo extremo a algunas partes de las cabañas y de las plataformas, constituye un conjunto rígido.

Como las puntas son muy inestables, la proa y la popa están más o menos inclinadas y además no hay madera para construir una quilla sólida, es preciso mantenerlas en vacío y encontrar algo que asegure la rigidez longitudinal. El sistema que permite compensar la fuerza de flexión es muy simple e ingenioso: Se fija un cable a cada extremo, se apoya dos o tres soportes y se tensa torciéndolo hasta que sea necesario. También pude pasar un cable idéntico por el fondo de la cala. De esta forma queda bien fija una viga. Pasando además un o dos cables, tensándolos al nivel de las falcas y rodeado los flancos, se asegura la cohesión lateral".

[...]Con esta técnica sólo se puede navegar, evidentemente, en aguas poco agitadas, y con tales procedimientos queda limitada la longitud del casco. [...] La ausencia de quilla es una característica egipcia constante.

Las embarcaciones que construían los egipcios estaban destinadas fundamentalmente para las dos principales actividades que eran el comercio y la guerra. Las embarcaciones mercantes eran de gran calado, capaces de soportar largas travesías y grandes cargas. Tenían una gran vela cuadra que era soportada por dos grandes mástiles junto con dos filas de remeros a ambos lados de la embarcación, que se utilizaban en función de las circunstancias lo que les permitía realizar grandes travesías por todo el Mediterráneo. Los barcos más grandes construidos con la madera de cedro procedente de Biblos podían llegar a medir más de 60 metros de eslora y 24 de manga y eran capaces de cargar 700 toneladas de peso. Este tipo de embarcación se utilizó para transportar todo tipo de mercancías (vino, cereales, ánforas) en el mercado interior, así como en sus relaciones con los países vecinos y con los países que habían conquistado.

La marina militar egipcia ocupaba un lugar importante en su planificación mercante, porque no hay que olvidar que Egipto fue unos de los pueblos que más tierras conquistaron y, por lo tanto, tenían que hacerse con grandes naves de guerra para poder llegar a cabo sus incursiones militares en los países colindantes.

Por otra parte, el paso de los barcos de juncos a los barcos de madera no se ha explicado claramente porque los primeros barcos que construyeron los egipcios parecen imitar la forma papiriforme de las primitivas embarcaciones de juncos, lo que hace muy difícil distinguir entre una y otras si nos atenemos a los grabados que aparecen en las representaciones pictóricas del pueblo egipcio. A este respecto Heyerdahl (1983, 15) se posiciona claramente al decirnos que *diversas muestras de arte del Viejo Mundo indican claramente que, en los países Mediterráneos, la primera forma de barco de casco de madera se desarrolló a partir de una forma anterior de nave de juncos.* Sigue el autor diciendo *Las embarcaciones de juncos y las balsas de troncos precedieron a las naves de casco de madera tanto en Asia Menor como en Egipto, y lo mismo viene demostrado por las más antiguas representaciones navales que figuran en sellos y petroglifos procedentes de las antiguas civilizaciones de Chipre, Creta y Malta. [...] En realidad, en todo el Mediterráneo interior, cuna de la navegación de altura, el arte antiguo demuestra que todas las formas verdaderamente antiguas de naves de altura estaban construidas de juncos o tenían la forma de naves de juncos [...] Resulta sorprendente observar que todas esas primeras naves de madera imitan la silueta de la nave de papiros hasta el último detalle, sin olvidar las altas y elegantes curvas de proa y popa, acabadas por la forma acampanada característica de los prototipos de papiros. Los carpinteros tuvieron que tomarse un trabajo increíble, al laborar con rígidas tablas, para copiar las intrincadísimas curvas de las naves ancestrales de papiros, que eran resultado natural de los flexibles juncos. [...] Para resumir, todas las pruebas disponibles demuestran que fue la nave de papiros la que desarrolló todas las propiedades características de la nave de altura y la que más tarde se convirtió en el modelo para la nave de madera, y no al contrario. El diseño de la nave de papiros ya estaba muy desarrollado cuando la primera dinastía empezó a construir pirámides en el Valle de Nilo.*

Las embarcaciones con características papiriforme se utilizaron principalmente para las ceremonias religiosas y funerarias. Hay que destacar que toda la sociedad egipcia se desarrollaba bajo el influjo total y de los aspectos religiosos que controlaban la vida diaria de los egipcios. *Los astilleros eran muy numerosos y se encontraban a lo largo de los 2.000 kilómetros del río. Los sacerdotes de los templos, especialmente los de Amón que eran los más poderosos, también tenían los suyos y sus propias flotas.* (De Brossard, 2000, 18)

No es de extrañar que casi todas las construcciones terrestres caso de las pirámides y otros edificios, se construían con fines religiosos u otros fines. Y como no podía ser de otra manera, la construcción naval no se iba a escapar de esta influencia y también iba a servir a estos menesteres.

Pero a partir del 1.500 antes de Cristo, con motivo de su expansión comercial y militar entraron en contacto con los cretenses griegos, los fenicios, y asirios y se percataron de su inferioridad en la técnica naval, por lo que se vieron obligados a construir sus barcos utilizando las técnicas de esos pueblos superiores navalmente. Y, estos mismos pueblos, fueron los que poco a poco le quitaron protagonismo naval, comercial, económico y social en el Mediterráneo a la cultura egipcia. *La decadencia de Egipto comienza con los últimos años del largo reinado de Ramsés II. A pesar de la advertencia hecha por los Pueblos del mar, los egipcios, efectivamente, siguieron encerrándose en el Nilo. [...] Este aislamiento, a pesar de los destellos fugaces de algunas incursiones en Palestina y de infructuosos intentos de intervención contra los asirios- que se saldaron con tres conquistas en 671,666, y 664-, este aislamiento se hizo a base de caídas sucesivas, revueltas e intromisiones de elementos libios- Chechong I en 950-, etíopes y asirios. En el año 622, Asurbanipal transformó el reino faraónico en provincia asiria [...] Es preciso examinar la creencia de que el pueblo de Egipto era marino. Es realidad era anfibio, pero de río, y sus flotas eran barcas de agua dulce. El Nilo que lo ha encadenado a su largo valle, lo puso de espaldas al mar en lugar de conducir a él. Sin embargo, la fachada mediterránea era cómoda. Le facilitaba el comercio y las relaciones con una cuenca sembrada de islas a las que era fácil llegar, pero los reyes de Egipto, cerrados a las posibilidades que la naturaleza les ofrecía, dejaron a los extranjeros que se ocuparan de sus relaciones marítimas* (De Brossard, 2000, 24-26).

Cretenses: Minoicos y Micénicos.

Uno de los pueblos enteramente marinos, fue el cretense, que alcanzó un desarrollo naval y comercial importantísimo en todo el Mediterráneo. Para Jorge Godoy (1996, 19) comenta *el primer pueblo al que se puede denominar propiamente marinero es el cretense. Habitante de una isla situada en medio del Mediterráneo oriental y poseyendo en su territorio una importante masa arbórea, pronto se vería atraído por el mar. Sus naves tenían unos 20 m, de longitud y poseían un mástil central y dos velas; diez remeros prestarían su esfuerzo cuando no soplase el viento. Posteriormente se verían enriquecidas con dos y hasta tres mástiles, un puente y treinta remeros.*

Creta fue cuna de dos civilizaciones que marcaron un hito en la antigüedad por el desarrollo naval que alcanzaron y dominando el comercio del mar Egeo desde 2.000 antes de Cristo hasta 1.150 antes de Cristo. Estas dos civilizaciones fueron la Minoica y la Micénica que dominaron el mar y comerciaron con egipcios, asirios y con todos los pueblos de las costas del Mediterráneo oriental. La primera civilización que surgió en esta estratégica isla fue la minoica que le debe su nombre al arqueólogo Sir Arthur Evans que la sacó de la oscuridad para toda la humanidad. La civilización Minoica floreciente en Creta desde el año 2000 antes de Cristo dominó el Mediterráneo y su situación geográfica, con bahía y playas protegidas, y riqueza en recursos naturales le permitieron construir embarcaciones resistentes al mar abierto y su floreciente economía le permitió comerciar con vino, cereales, aceite y madera con todos los pueblos de la cuenca mediterránea e influenciar con su cultura y ser influenciada por la cultura de los pueblos vecinos de Grecia continental, las Cíclades, Asia Menor, Siria y Egipto.

Jorge Godoy (1996, 34) afirma que la civilización Minoica *Fue una de las más genuinas representantes de las talasocracias mediterráneas de la antigüedad. Sus redes comerciales llegaron, prácticamente, a todos los rincones del Mediterráneo oriental, enlazando los pueblos más civilizados del norte de África y del Próximo Oriente con los más atrasados de Europa. En el sur de Grecia aportó su civilización que a la larga se volvería en contra de ella. Crearía sus propios asentamientos en diferentes lugares de la costa y de las islas del Egeo, y sus naves, capacitadas especialmente para el transporte de mercancías, llevarán toda clase de productos, ya fueran manufacturados o no, de un puerto a otro, saltando, de isla en isla, al otro lado del Mediterráneo, puede que incluso a la Península Ibérica, donde se abastecería de dos de los más preciados metales del mundo antiguo: la plata y el estaño. Incluso algunos creen que pudieron haber llegado a las Islas Británicas. De todas formas, este es un aspecto del desarrollo de la civilización minoica que es difícil de estudiar y que se presta a la especulación y la fantasía con demasiada facilidad y es muy difícil de verificar, aunque pudiera entrar en lo posible*

La prueba de ese conocimiento de las entrañas del mundo de la navegación aparece claramente en los frescos del pueblo minoico de Akrotiri, en Thíra, descubierto en 1967, por los arqueólogos Spyridon Marinatos, Emily Vermeule y James Mayor donde aparecen claramente barcos perfectamente pintados con todas las características con velas cuadras, mástiles, timones, proa y popa diferenciadas, y en la popa un cubículo con techo. En relación con estos frescos Mayor afirma que *Uno de ellos muestra una pintura detallada de hace 3.400 años, de tres pueblos, una flota de 20 barcos minoicos y una embarcación pequeña, una batalla marina y un paisaje costero. Los frescos muestran que los barcos de vela minoicos tenían botalones, pasarelas en la popa, se impulsaban tanto con canalete como con remos, portaban velas cuadras con vergas altas y bajas, y cubierta superior de proa a popa. El aparejo es generalmente similar a los barcos egipcios de la época. Los barcos más grandes, que se estima tenían 28 metros de longitud (sin contar la botavara de proa) tienen techos curiosos y recintos decorados a popa, probablemente para separar a una persona importante* (VV. AA, 1995, 40).

Creta utilizó las rutas marítimas para comerciar con sus vecinos del Mediterráneo que le posibilitaron alcanzar un auge comercial importante y como consecuencia, la expansión económica, social y cultural. De Brossard (2000, 26-27) afirma que *La autoridad sagrada, la prosperidad de la que se maravilló Homero, y de la que nosotros somos testigos, fue el fruto de una triunfante talasocracia. Una fuerza, que, en el mar, atajaba a la piratería y aseguraba las rutas marítimas y las relaciones interinsulares, que ya iban surgiendo frente a cualquier posible peligro humano. [..]Se trata de una hegemonía en el Egeo que no necesitó muros para guardar sus ciudades y sus tesoros en tierra. El muro se encontraba en el mar: la flota, muro de madera móvil, estratégico. La Creta de Minos era el triunfo de la defensa alejada. Aprovechó todas las salidas hacia Europa, Asia y Egipto. Sin duda incluso hacia la cuenta occidental que, para los demás seguía siendo misteriosa.*

[...] Desde el Peloponeso hasta Asia Menor y Egipto, pasaban la cerámica, los aceites, los vinos y las armas de lujo. Creta se encontraba bien situada para poder controlar el comercio que, de regreso, traía marfil, plata, oro, cristal, loza y maderas preciosas. Creta puso la mano sobre Chipre para conseguir su cobre. Necesitaba seguridad en el mar: mediante la fuerza y la diplomacia, la hegemonía cretense eliminó a los piratas. El mar tuvo total libertad para el comercio, incluyendo el de los esclavos. [...] No es nada increíble pensar que los marinos cretenses fueron los guardianes del mar a cuenta de Egipto, a cambio de tener una cierta tranquilidad mercantil en las costas faraónicas.

Otras de las razones que llevan a pensar que los minoicos conocían el mar, además de las perfectas representaciones de sus naves, son los espléndidos y reales dibujos de la fauna marina que aparecen también en los vasos, vasijas y frescos de Akrotiri, que vienen a demostrar que los cretenses conocían perfectamente el mar. Podemos decir que la civilización minoica fue la primera civilización marina eminentemente comercial, los primeros que le dieron un giro a la concepción del comercio hasta la fecha inexistente, su internacionalización.

Hacia el 2000 y 1750 antes de Cristo la civilización Minoica estaba muy desarrollada, y conquistó Hélade, Corinto, Ática, Egina, etc, cuyo esplendor fue aniquilado por los Aqueos, en el 1400 antes de Cristo, siendo sustituida la hegemonía minoica por la de micenas. El período de esplendor micénico va desde el 1600 al 1150 antes de Cristo, donde alcanza niveles de desarrollo similares a sus predecesores los minoicos gracias a que poseían una flota poderosa les permitió comerciar, conquistar y sustituir a los minoicos como dominadores del Egeo. Los micénicos viajaron en busca de rutas comerciales a lo largo y ancho del Mediterráneo en busca de nuevos pueblos con los que comerciar.

Jorge Godoy indica que los *herederos de los minoicos serán los micénicos que una vez alcanzaron su mayoría de edad como pueblo, tras beber en las fuentes culturales minoicas, reemplazaron a aquellos en el control de las rutas comerciales, floreciendo entre el 1600 y el 1200/1150 a de C. Su influencia se extendió considerablemente por todo el Mediterráneo oriental hasta alcanzar a Italia y durante más de doscientos años dominaron el comercio en esa zona, por lo demás plagada de piratas y merodeadores y, a menudo, ejerciendo ellos también como tales*

Las civilizaciones que nacieron al abrigo de Creta desaparecieron con la llegada de los denominados pueblos del mar que se desplegaron por mar y tierra, unos *bárbaros* convirtieron al mar Egeo en un caos total a nivel comercial y militar hasta que fueron vencidos por Ramsés III. La destrucción de las culturas cretenses y el consiguiente caos comercial en todo el Mediterráneo fue aprovechado por los fenicios que ocuparon con eficacia el agujero dejado por minoicos y micénicos.

Los fenicios

Se asentaron y desarrollaron en la cara oriental del Mediterráneo, en lo que hoy se conoce como Líbano. Las principales ciudades en las que desarrollaron su actividad eran Biblos, Sidón y Tiro, con distintos momentos de esplendor entre el 3.000 a. de C. y el 600 a. de C. Eran marineros cuya vida estaba unida al mar, y conocidos como excelentes marinos y desarrollaron una gran actividad comercial por vía marítima a partir del momento en que la talasocracia cretense entró en decadencia y los egipcios fueron permitiendo su actividad comercial en el Mediterráneo. Navegaron por todo el Mediterráneo y tenían *sedes* en Sicilia, Cerdeña, Ibiza, Cádiz, Málaga, Cartago, Utica, etc.

Crowther afirma que las *fuentes literarias sugieren que los fenicios pueden haber empezado a moverse en el Mediterráneo occidental a finales del segundo milenio a de C. El testimonio de los naufragios de Kelidonia y Ulu Burun muestran, ciertamente que su comercio y actividades de herrería en bronce se habían extendido por aquellas fechas más allá de la tierra de los cananitas. Parece posible que los primeros emplazamientos Mediterráneos occidentales surgieron como resultado de una creciente escasez de tierra, pero también puede haberse relacionado con la explotación de minas minerales.* (VV. AA, 1995, 50).

Los fenicios pudieron construir grandes naves porque tenían a su alcance árboles como el cedro, que eran largos y de tronco ancho, que les permitieron construir embarcaciones de gran calado y muy resistentes para hacer esas grandes travesías a largo y ancho del Mediterráneo. Los fenicios fueron magníficos marineros que sobre el año 1000 antes de Cristo eran *dueños* de todo el Mediterráneo y dominaban todas las técnicas navales que iban desde la construcción naval hasta la orientación marina basada en la observación de las estrellas que les permitía navegar de noche sin temor a perderse en la inmensidad del mar. Este conocimiento los llevó a tener sedes a lo largo de la cuenca mediterránea e incluso alrededor del año 600 a de C, siguiendo las órdenes del Faraón Necao, realizaron una expedición que duró tres años con sus noches y sus días, demostrando la capacidad navegadora de estos marineros de altura.

Crowther en relación con la exploraciones de los fenicios indica que *Durante el primer milenio a de C., los fenicios se habían extendido mucho hacia el Oeste, Cartago, la ciudad de la legendaria reina Dido, se fundó en el 1814 a de C., y se convirtió en líder de las colonias fenicias occidentales (púnicas) hasta que Roma la destruyó en el 146 d C. Situada junta al actual Túnez, llegó a controlar un territorio que se extendía ampliamente hacia las entonces fértiles tierras del interior, y se decía que estaba rodeada por un muro de 32 kilómetros en circunferencia. Los arqueólogos han desenterrado un elaborado sistema de dique en el lugar* (VV. AA, 1995, 50).

Las características de sus naves estaban concebidas principalmente para hacer grandes travesías y llevar a cabo sus actividades comerciales; eran auténticas *naves mercantes,* pero también estaban bien preparadas para el combate, utilizaban un tipo de naves mixtas, que servían tanto para el comercio como para la guerra, aunque los fenicios, siempre que podían eludían enfrentamientos directos; su único objetivo era el comercio. En una terracota de la Edad de Bronce que procede de Biblos, datada entre 1580 y 1200 a. de C., aparece representado un navío mercante fenicio con una perfecta simetría entre la proa y la popa, con la que existen muchas semejanzas entre esta y las que utilizaban los Pueblos del Mar, lo que hace pensar a muchos autores que existía un tipo de nave mercante común en el Mediterráneo oriental en el II milenio y hasta el s. IX a. de C. (Jorge Godoy, 1996).

Eran unas embarcaciones que utilizaban remos y velas cuadras. De Juan y Fernández (1980, 3) indica que *Estos se disponían en dos órdenes superpuestos, pero manejados todos desde el puente, unos por hombres sentados, que se apoyaban en el trancanil a través de unas cumaceras cuadradas, y otros por hombres de pie o elevados sobre los bancos cortos y movibles que colocaban en distintas posiciones según las necesidades de la boga que emprendían y apoyados los remos sobre la borda del barco.*

En esta línea Crowther nos dice La escultura de una lápida muestra un barco comerciante fenicio del siglo II o I a de C. Los barcos fenicios tenían normalmente quillas superficiales y una popa convexa. Los grandes barcos mercantes tenían dos bancos de remos (como lo barcos de guerra) y eran defendidos por soldados, mientras que los barcos pequeños tenían un solo banco de remos sin habitación para la protección militar. Sólo los barcos de guerra tenían mástiles. Los barcos mercantes de cabotaje, sin vela, era similares a las embarcaciones costeras griegas de la época. (VV. AA, 1995, 54). Otra representación de un barco fenicio aparece en el palacio de Sargon y muestra una nave de carga de madera de cedro alrededor del año 700 antes de Cristo, donde se puede observar que la carga iba sobre la cubierta y el resto en una balsa remolcada.

El pueblo fenicio construyó y utilizó naves concebidas también para la guerra como las galeras de dos órdenes, los birremes y los trirremes; pero, fundamentalmente, el esfuerzo de la construcción naval estaba dirigido a construir embarcaciones que habían sido diseñadas para el comercio, no para la guerra.

Tanto los fenicios como los griegos se influenciaron mutuamente a la hora de construir naves, no tenían reparos en compartir o copiar los avances que le interesaban de sus vecinos marineros, aunque siempre manteniendo las peculiaridades que los distinguían.

Una vez perdida su hegemonía naval en el Mediterráneo como consecuencia de su sometimiento a los asirios, luego a los egipcios y, posteriormente, a los persas, siguieron construyendo en sus astilleros grandes naves aplicando, unas veces, los conocimientos adquiridos durante siglos y otras adaptando las innovaciones que les llegaban allende los mares. De esta forma, construyeron cuadrirremes y quinquerremes a semejanza de las naves griegas y estuvieron siempre a la vanguardia de la construcción naval en la antigüedad.

Griegos

Aproximadamente en el 1.200 a de C, los dorios, un pueblo de origen griego, que conocían el hierro que utilizaron para hacer sus armas, llegaron desde el Epiro y descendieron al Peloponeso y a Creta y en un conflicto cruento vencieron a la los micénicos, obligándolos a huir hacia el norte del Peloponeso. A partir de la incursión de los Dorios en el territorio aqueo y del establecimiento y consolidación de las dos ciudades-estados Dóricas, Esparta y Corinto, siguieron sus campañas de conquista hacia oriente, a los territorios de Asia Menor, difundiendo la cultura griega por todo el Mediterráneo.

Este afán de expandirse los llevó a conquistar territorios muy alejados territorios y a establecer colonias en Asia Menor y en el mar Negro, en el sur de Francia, en el sur de Italia en Sicilia, y en el levante español donde se establecieron pequeñas ciudades-estado con cierta autonomía pero que mantuvieron en todo momento relación con las más grandes ciudades estado griegas que fue el motor del comercio y del impulso definitivo a la expansión económica, política, social y cultura de Grecia. Pero, el esplendor de la cultura griega fue dominado por dos ciudades estado Atenas y Esparta. Atenas que empezó a consolidarse entre el 800 y 500 a d C., con diferentes formas de gobierno tiranía, democracia y monarquía, que le permitieron obtener un gran desarrollo cultural, político, social y económico. Y Esparta siguió con su política de expansión y dominio militar y autocrático sobre las ciudades estado que estaban bajo su control. Pero este protagonismo en el mundo Mediterráneo las llevó primero a unirse contra los persas en las guerras médicas lo que le dio a Atenas el liderato en Grecia, y a enfrentarse en la fratricida guerra del Peloponeso con la derrota de Atenas, quedando toda Grecia bajo la influencia y hegemonía absoluta de Esparta.

Con estos antecedentes a nadie se le esconde la importancia que para Occidente tuvo la cultura griega en todos los órdenes, desde el arte hasta la filosofía pasando por las matemáticas, los griegos fueron unos de los pueblos más importantes y desarrollados del mundo antiguo y con la navegación no se iban a quedar atrás.

El pueblo griego no pudo vivir de espaldas al mar y su progreso económico, social y político fue fruto de su dominio del mar. Este dominio trajo consigo el desarrollar toda una flota de barcos que le permitieron impulsar un comercio que fue piedra clave para un auge en todos los órdenes de la vida del mundo griego y al tiempo emprender una serie de contiendas navales con el propósito de conquistar nuevas tierras y aumentar su poder en el Mediterráneo. Pero, los griegos eran un pueblo de comerciantes, con una estructura política y social muy particular en la época de mayor esplendor, que se construía alrededor de las denominadas ciudades estados, las Polis, que por sus características, condicionamientos e intereses estaban en la mayoría de las ocasiones enfrentadas entre sí. Son conocidas las guerras entre las dos grandes ciudades estado: Atenas y Esparta.

En esta tesitura tan particular no sería difícil imaginar qué tipo de naves construirían los griegos. Sus naves estarían concebidas primordialmente para la guerra, para el combate directo, pero también para el comercio, porque jamás abandonarían el eje fundamental de su economía. En este sentido, Jorge Godoy (1996, 21) indica que *Serán, pues, las naves de guerra las que adquieran un mayor auge en el mundo griego, pues ya habían desarrollado en la época micénica, cuando se dedicaban al comercio y la piratería, unas naves muy ligeras y veloces.*

De esta manera, destacarían los griegos en la construcción de las galeras, que eran naves ideadas principalmente para la guerra. Utilizaron varios tipos de galeras principalmente las pentecónteras, con cincuenta remeros, las birremes y los trirremes. El trirreme *será la nave más famosa y representativa de la antigüedad* (Jorge Godoy 1996, 22) que era una galera con tres órdenes de remeros, con 85 remeros a cada lado, 31 *thranites* en la hilera superior, 27 *zygites* en la central y 27 *thalamites* en la inferior. Alcanzaba grandes velocidades, alrededor de 14 nudos, gracias a los remeros que utilizaban que los hacían letales en el combate, y si a esto le añadimos el espolón o ariete que colocaban en la proa, que, por lo general blindado con bronce, hacían que las embestidas a gran velocidad fueran un arma definitiva contra sus enemigos.

Al igual que las naves de los fenicios, las naves griegas utilizaban remos y velas cuadras, cuya combinación las hacía alcanzar velocidades espectaculares, que en el combate eran fundamentales para alcanzar una ventaja competitiva y vencer al enemigo. Cuando no estaban en combate y el viento les era favorable utilizaban las velas para navegar y a la hora de llegar a puerto sustituían las velas por sus eficientes remeros.

Una prueba de su capacidad letal en combate fue la guerra contra la flota persa, la batalla de Salamina, el 28 de septiembre del año 480 antes de Cristo, donde hundieron más de 200 barcos persas con unas pérdidas mínimas para su flota. Posteriormente la capacidad naval y guerrera de los griegos se volvió a poner de manifiesto en la cruenta guerra entre las dos ciudades estado

Atenas y Esparta (460-404 antes de Cristo) en las que los trirremes volvieron a jugar un papel fundamental en el desarrollo y conclusión de esta fratricida guerra.

Pero los griegos también eran un pueblo, que le interesaba, el comercio, y construyeron naves mercantes que atravesaban el Mediterráneo para realizar sus actividades comerciales. Estas naves utilizaban para sus largas travesías las velas cuadras y remos, aunque utilizaban los remos principalmente para sus operaciones de salida y entrada de los puertos (Jorge Godoy, 1996, 21).

Roma

El Imperio Romano no se quedó a la saga en relación con el mar. A partir de su dominio territorial de la península itálica empezó a preocuparse por dominar también los mares, como necesidad para conquistar todos los territorios alejados para aumentar su área de influencia.

Los romanos no eran un pueblo marinero y utilizaron toda la tecnología naval de la época para expandirse, comerciar y conquistar. Para esta labor utilizaron a los carpinteros de ribera griegos y fenicios que construyeron sus primeros barcos y de los que aprendieron todas las técnicas navales para, posteriormente, construir sus propias naves. Por lo tanto, su incursión en el mar fue más una exigencia de extender el Imperio que fruto de una tradición marinera.

El Imperio Romano utilizó naves con similares características a las que utilizaron los fenicios como los trirremes para sus contiendas navales además de las Liburnias, una galera muy ágil y rápida de dos órdenes de remos que utilizaron los piratas liburnios para sus ataques en el Mediterráneo. Las características de los trirremes no variaban mucho de sus predecesores fenicios. Además de los tipos de naves descritas, el Imperio Romano utilizó otro tipo de naves de más órdenes como los Cuatrirremes y los Quinquirremes que eran muy pesados y con escasa maniobrabilidad.

El Imperio Romano también utilizó barcos mercantes para abastecer de todo tipo de productos a todo el Imperio y especialmente a Roma. Hay que significar que en el Siglo 43 después de Cristo, el Imperio Romano abarcaba toda la cuenca mediterránea y llegaba hasta la actual Inglaterra (Britania). Todos estos países conquistados eran puntos comerciales importantes con los que Roma tenía establecidas rutas comerciales muy seguras. Los barcos mercantes romanos eran capaces de cargar grandes cantidades de mercancías por lo que tenían que ser barcos de gran calado arbolados con una gran vela cuadrada con dos o tres órdenes de remeros que utilizaban para las maniobras de atraque en los puertos de la época o en condiciones de poco viento. Este tipo de barcos mercantes tampoco se diferenció mucho de los marcos mercantes fenicios y griegos porque como hemos apuntado, los romanos se dedicaron a copiar fielmente las técnicas de construcción naval de griegos y fenicios.

Todo su poderío naval lo pusieron en práctica por primera vez cuando decidieron controlar el Mediterráneo más allá de la península Itálica. El primer objetivo marítimo-militar fue Cartago, una ciudad fundada por los fenicios en el 810 antes de Cristo. Esta batalla tuvo lugar en el año 200 antes de Cristo, en Milazzo, donde 120 trirremes, utilizaron el *corvus* (cuervo) una plataforma que se enganchaba a los barcos enemigos y les permitía abordarlos con rapidez. El corvus fue una ventaja competitiva que los Cartagineses no se esperaban y junto con el ariete lograron hundir un número importante de naves enemigas y capturar otras de tal forma y manera que en su primera batalla naval obtuvieron un éxito contundente que catapultó a la flota Imperial Romana como una de las temidas en el Mediterráneo.

El Imperio Romano prosiguió con su empeño de ser dueño y señor del Mediterráneo y volvió a enfrentarse con los Cartagineses en las sucesivas Guerras Púnicas que se extendieron desde el 264 hasta el 146 a de C., para poder abrir un paso definitivo y seguro hacia el continente africano. La batalla que llevaría al Imperio Romano a la eliminación de su último obstáculo para el control absoluto de todo el Mediterráneo se llevó a cabo en las costas griegas de Accio (Actium) en el año 31 antes de Cristo, donde se enfrentaron las flotas del Imperio Romano dirigidas por Octavio y la flota naval egipcia dirigida por Marco Antonio y Cleopatra, con una contundente derrota de la flota dirigida por Marco Antonio.

En todos estos enfrentamientos navales, el Imperio Romano utilizó los infalibles trirremes que fueron desde los griegos hasta el

Imperio Romano las naves más usadas en los enfrentamientos navales de la época y demostró ser el dueño de toda la cuenca Mediterránea y el principio de una serie de incursiones que llevaron al Imperio Romano a la conquista del mundo conocido.

Origen, desarrollo y declive de la Vela Latina

Hoy por hoy, existen diversos postulados en relación con el origen de la Vela Latina, que intentan explicar los orígenes, con el inconveniente de que no existen datos científicos. Los datos históricos que han llegado hasta nuestros días no aclaran nada sobre este origen, ya que la Vela Latina es una modalidad náutica que estuvo muy extendida desde Europa hasta Asia, con más o menos desarrollo, pero con asentamiento claro en esas sociedades, que utilizaron las embarcaciones latinas para realizar sus actividades cotidianas como la pesca, el comercio, la guerra, la colonización, etc.

El prestigioso Casson (1971) historiador de la navegación se postula claramente por el origen mediterráneo de la Vela Latina e indica: *En base de la información disponible en la actualidad el lugar más probable para el origen de la vela latina es el Mediterráneo [...] Yo sugiero posibilidades de no solamente una trayectoria fácilmente concebible de la invención de la latina, sino una razón de porqué los marineros Grecorromanos y no los otros eran los inventores: solo ellos usaron un sistema de vertical de palancas para acortar vela, y solo usando este sistema una vela cuadra podría haber sido en su conjunto una latina.*

Algunos autores (Parry, 1989; Zysberg-Burlet, 1989) han afirmado que el origen de la Vela Latina habría que buscarlo en los pueblos marítimos del Océano Índico, pero no aportan prueba histórica o arqueológica alguna que apoye tal afirmación. Quizás esta afirmación esté fundamentada en la tradición histórica que establecía como origen de la Vela Latina en los pueblos del Índico, pero es más producto de esa tradición que de datos históricos comprobados.

Así Parry (1989, 30-31) afirma que *La cuestión de los orígenes y la difusión de las velas latinas es fuente de polémica. Ciertamente las velas latinas ya eran conocidas en el Mediterráneo oriental en el siglo IX de nuestra era. Es posible que lo fuesen también mucho antes, en tiempos del imperio romano. Tal vez entraran en el Mediterráneo desde el Índico: no hay duda de que se extendieron hacia el oeste siguiendo las invasiones árabes, y en el siglo XI ya habían sustituido casi por completo a las anteriores velas redondas en toda la cuenca mediterránea y en las costas atlánticas de Andalucía y Portugal hasta el Tajo por el Norte.*

Zysberg-Burlet (1989, 31) también se posicionan al firmar que *Buques largos y galeras poseen una vela latina de forma triangular. Esta no tiene de latina más que el nombre, pues sin duda, no debe nada a la marina de la época romana, y parece quizá proceda del océano Índico, de donde la habían introducido en el Mediterráneo los navegantes árabes.*

Tyler (1999, 91) indica que *Las primeras galeras itálicas constaban de un solo mástil (más adelante, dos) con la vela triangular de origen desconocido llamada "latina" que según se cree apareció por primera vez en el Mediterráneo en los siglos IV y V.*

Otra hipótesis es el origen árabe del aparejo latino, ya que es el pueblo que más ha desarrollado y utilizado este tipo de vela a lo largo de la historia y que los otros pueblos la copiaron y utilizaron. Pero nos encontramos con que esta hipótesis no tiene fundamento histórico o arqueológico que lo sostenga.

De Brossard (2000, 267) indica *Su velamen de origen latina – expresión impropia-, ya que la vela triangular desplegada sobre largas entenas inclinadas con elegancia, que dan a las embarcaciones de dos mástiles cuando navegan viento en popa, con velas en forma de tijera, aires de gaviotas amerizando, esta vela, este aparejo tan poético se debe a los árabes, que los utilizaban desde siempre en el Océano Índico.*

Rodríguez Buenafuente (1996, 22-23) recoge *Una tesis difusionista que tiende a convertirse en multiforme, puesto que tiene bastantes versiones. Desde el Mediterráneo occidental, desde el Mediterráneo oriental; desde el mar Rojo; o desde el Océano Índico. De todas formas, entre todas estas versiones, existe una que tiene más "éxito" y se considera generalmente como más adecuada: la que adjudica el "invento" de la latina a pueblos marineros de tradición musulmana (vulgarmente, "los árabes") [...] cabría quizá adjudicar al islam la responsabilidad de adoptar las velas de tres puños en los grandes barcos, por ello, introducirlas así en la iconografía, convirtiéndolas en un distintivo. No obstante, parece, desde esta perspectiva, difícil el adjudicarles, ni a ellos ni probablemente a nadie, el invento de la vela latina.*

Hay autores (Mas García, 1991; Oller-García, 1996) que ante esta hipótesis afirma que cuando aparece la primera evidencia histórica que se traduce en el primer grabado que representa a la Vela Latina, en una lápida funeraria que se encuentra en el Museo de Atenas 150 a. de C, los pueblos del mundo árabe no tenían el desarrollo náutico necesario para haber inventado la vela latina.

Mas García (1991, 10) pone en duda el origen árabe de la Vela Latina al decir que *El examen de la documentación reunida en el curso de este ensayo nos lleva a la conclusión de que no puede atribuírsele a los árabes la paternidad de la vela latina. Una vez más fueron ellos los recuperadores de una técnica decantada del mundo antiguo, en ese gran centro cultural del Próximo Oriente que fue Bizancio, donde las conocieron y divulgaron más tarde por todo el Mediterráneo. [...] Tradujeron las obras clásicas sobre filosofía, matemáticas, etcétera, para adaptar estos conocimientos a su propia cultura, y entre ellos debieron incluir el arte de la navegación y la arquitectura naval de la flota bizantina, que en aquellos momentos no tenía rival en el Mediterráneo.*

Por otra parte, Oller y García (1996, 17) indican *Si la memoria no nos falla, la representación más antigua que se conoce de la vela latina está esculpida en el bajorrelieve de una lápida funeraria, datada unos 150 años a de C, hallada en una necrópolis griega, que se guarda en el Museo Nacional de Atenas. ¡Cuando el pueblo árabe, que me merece un grandísimo respeto, estaba sumido en un oscuro período!*

Otra hipótesis, y, quizás la más documentada por los trabajos de investigación que se han realizado y por los datos históricos y arqueológicos que han aparecido, es la hipótesis del origen Mediterráneo de la vela latina. Un dato claro, es el bajorrelieve de una lápida funeraria, datada unos 150 años a de C, hallada en una necrópolis griega, que se guarda en el Museo Nacional de Atenas, donde aparece la representación más antigua que se conoce de la vela latina.

En este sentido, Oller y García (1996, 21) indican *Creemos que la vela latina la idearon un grupo de griegos que, huidos de su tierra como los primeros romanos, se establecieron en la costa oriental del Adriático y fundaron Liburnia. Nacida con anterioridad a la era cristiana, la asimiló la cultura romana de los piratas liburnios (descendientes de los griegos clásicos) en el siglo II a. de C. Este convencimiento nos hace descartar la idea de que sus creadores fueran los pueblos árabes, que se encontraban por entonces en los albores de su historia.* Estos autores van incluso más allá al indicar *que la vela latina vio la luz antes de ser representada gráficamente y nos atrevemos a datar su nacimiento en unos 250 años a de C, en la época en que Roma era sólo una ciudad estado. Alguien, sin duda, la inventó en el siglo III a de C. Suponemos que la vela latina procede por evolución tecnológica de las primitivas velas cuadras utilizadas por los egipcios, los fenicios y los griegos en sus embarcaciones de transporte y guerra.*

Mas García (1991, 12) afirma que *el posible escenario del nacimiento de la vela latina, y en todo caso, el banco de pruebas de su secular desarrollo y fuente de experiencias para la tipología vélica actual fue sin duda el Mediterráneo, vía de difusión de nuestra cultura, a la que no en balde llamamos mediterránea.*

Lo parece claro después de toda la información que hemos estudiado es que no podemos determinar con precisión el origen verdadero de la vela latina y que a falta de datos históricos o arqueológicos que lo corroboren, siempre nos moveremos sobre las nebulosas de las suposiciones. No obstante, todos los datos históricos parecen apuntar, pero no demostrar, que mucho antes de las primeras representaciones históricas de la vela latina, este tipo de embarcaciones surcaban los mares del Mediterráneo, Rojo o Índico.

Respecto al desarrollo de la vela latina tomó como punto de partida la evolución de las velas cuadras o redondas, por la versatilidad del aparejo latina para navegar contra el viento. Las velas cuadras tenían muchas dificultades para navegar contra el viento, por lo que en la mayoría de las ocasiones tenían que usar remeros para poder navegar en bolina, lo que determinó la posible evolución de la vela cuadras hacia el aparejo latino. La necesidad hizo que se buscara una embarcación que se adaptase de forma más eficaz a las particularidades de estos pueblos, caracterizados por el tipo de vientos predominantes, el tipo de costas y las rutas marítimas. Probablemente naves de la antigüedad cuya propulsión era fundamentalmente a remo y con velas cuadras, fueron evolucionando paulatinamente hacia el aparejo latino por razones de adaptabilidad.

En esta línea De Brossard (2000, 218) indica que *La vela clásica era desde hacía tiempo la vela triangular latina, más manejable que la cuadra y mejor aprovechada con el viento. Con viento de popa, las velas, que se aguantaban con largas vergas dispuestas en tijera, permiten alcanzar una velocidad comparable a la de la vela cuadrada.* Asimismo, Más García *(1991, 20)* indica que *Un largo proceso difícil de documentar, pero no tanto de imaginar debió hacer posible la evolución de este tipo de vela al modelo latino, sólidamente consolidado ya en el Bajo Imperio.*

Como hemos indicado en el apartado anterior, ya existían naves latinas que surcaban el Mediterráneo un siglo y medio antes del comienzo de nuestra era pues *Hacia el siglo II a de C utilizaban ya los piratas de Liburnia, territorio de Iliria comprendido entre Istria y Dalmacia, en el Adriático, una estrecha y ligera embarcación a remos conocida por el mismo nombre del territorio, Liburnia o liburnica, en honor de sus inventores o promotores. Llevaba además esta nave un aparejo en su único mástil con una vela a la que Rich define como "levantina" en lugar de la cuadrada que llevaban las otras naves. La restitución que practica este autor respaldado por amplia consulta de fuentes (Veg. Mil., v.y; Lucan., III, 691; Sil. Italic.; XIII, 240; Scheffer, Mil. Nav., p. 92, 191), a la vista de las representaciones de Liburnia ofrecidas en monedas de Claudio y Domiciano, no deja lugar a dudas para considerarla como vela latina.* (Mas García, 1991, 20). Aunque De

Brossard *(2000, 171)* precisa que *Cualquier tipo de dromón o de panfile sólo lleva un mástil con una vela latina triangular, desde el siglo IV, que es la diferencia esencial con la vieja liburna, que tuvo siempre una vela cuadra, a veces reemplazada con una vela librada.*

De esta forma, debido a la proximidad del pueblo Liburnio a Roma, y después del sometimiento de este pueblo por parte de Roma, los romanos adoptaron las características principales de la Liburnia y la utilizaron en sus batallas como la batalla de Farsalia, en la que Cesar derrotó a Pompeyo (48 a de C) y en la batalla de Actium contra la flota egipcia, por la que Octavio se hace dueño del Mediterráneo y hace la pax romana (Mas García, 1991, 20).

A partir de aquí comienza un largo periplo de las embarcaciones latinas que poco a poco fueron conquistando la cuenca mediterránea de la mano del Impero Romano. Durante mucho tiempo convivieron naves con velamen redondo y latino, que iban desde Córdoba hasta Damasco.

Es preciso indicar que el emperador Teodosio divide el Imperio en dos: el Imperio de Occidente y el Imperio de Oriente. El Imperio de Occidente, gracias a la inestabilidad política interna y a las presiones de los pueblos *bárbaros* del norte, sucumbe en el año 476 de nuestra era. Del Imperio de Oriente surge con fuerza el Imperio Bizantino, que será el eje cultural y político de la antigüedad con el reinado de Justiniano, en el siglo VI, soportando el continuo acoso de los eslavos, persas y musulmanes.

Bajo el esplendor cultural y político bizantino se desarrolla enormemente la navegación con aparejo latino y en esta particular tesitura histórica aparece una de las primeras y más importantes representaciones históricas sobre la vela latina, representada en unos manuscritos bizantinos del año 886 de C., que se encuentran guardados en la Biblioteca Nacional de París. Vemos con asombro la claridad y el esplendor de las representaciones y como, en las características generales, no difieren mucho de las embarcaciones latinas actuales, y uno no puede sino sentir un escalofrío que te recorre la espina dorsal al ver la fuerza *mágica* que ha tenido esta *ágil ala de golondrina* (Mas García, 1991) para soportar todos los avatares de estos más de 2000 años hasta llegar a nuestros días.

Una de las embarcaciones más usadas por los marineros bizantinos fue el Dromón, que sería el antecedente más importante de la galera mediterránea (Mas García, 1991). Los Dromones bizantinos eran unas embarcaciones que se usaban para la guerra por su demostrada eficacia a la hora del combate. La utilización del binomio vela latina y remeros la hacía casi infalible contra los poderosos enemigos por alcanzar grandes velocidades, su facilidad para navegar contra el viento y su gran adaptabilidad a las condiciones meteorológicas mediterráneas con frecuentes cambios de viento. De esta manera, el Dromón Bizantino se convirtió en la embarcación por excelencia de los primeros siglos de la era cristiana y con él la vela latina se difundió por todos los confines del Mediterráneo siendo uno de los aparejos más utilizados en esos siglos.

En la Edad Media las embarcaciones que se construyen beben directamente de la experiencia y tradición marinera de los pueblos que se desarrollaron en el Mediterráneo, fundamentalmente fenicios, griegos, romanos y bizantinos. De este modo, surgen con fuerza las primeras galeras, naves eminentemente guerreras, naves largas con remos y aparejadas con una gran vela latina.

La incorporación del aparejo latino a las galeras le da una velocidad y una adaptabilidad que las hacen infalibles en los enfrentamientos navales y, si a esto añadimos la utilización de los remos, convertían a las galeras en armas letales. A este respecto Zysberg y Burlet (1989, 32) afirman que *Las galeras nutren las flotas de combate; en primer lugar, el birremo, luego el trirremo más poderoso, con tres remos por banco, que le sustituye en el siglo XII.*

Venecia, por su vinculación al mar, se convirtió en líder indiscutible tanto en el mar como en la construcción naval y su dominio se extendió por todo el Mediterráneo. Las galeras venecianas recorrieron todo el Mediterráneo desde los primeros pasos de la era cristiana hasta alcanzar su máximo florecimiento naval y comercial en el siglo XV. Zysberg y Burlet *(1989, 34)* indican que *Venecia fue la primera en construir un nuevo modelo de barco que intentaba combinar las ventajas de la propulsión por vela y por remo. De las gradas del astillero veneciano, verdadero centro de experimentación de la construcción naval, salen hacia los años 1290-1300 los prototipos de las galeras gruesas o "galeras bastardas", navíos nacidos del cruce de la carpa (la nave) y del conejo (la galera).*

Asimismo, Zysberg y Burlet *(1989, 32) afirman que Los buques largos del Mediterráneo se transforman a lo largo del siglo XIII, bajo influencia de la cogas o "Kogges" venidas de los mares de Europa septentrional. La nave latina abandona las dos palas laterales que permitían dirigirla, para adoptar el timón de codaste. Su aparejo se diversifica. Si conserva las velas latinas, emplea también las velas cangrejas, que se pueden reducir a voluntad con las bandas de rizo. Así perfeccionada la nave mediterránea, carraca genovesa o galeón veneciano, se convierte en un barco más manejable en los fuertes tonelajes, exigiendo para maniobrarla una tripulación reducida a la mitad, con relación a su versión enteramente latina, es decir, un hombre por cada diez toneladas hacia 1400.*

Todo este apogeo veneciano alcanzado en el S. XV por sus galeras y galeas que utilizaban el aparejo latino, va dejando paso en el S. XVI a las naves con aparejo redondo, que tienen más diversificación técnica, aunque las galeras se siguen utilizando por las armadas navales en el Mediterráneo. Según Zysberg y Burlet *(1989, 36)* este declive se produce por el *descubrimiento de la ruta de las Indias por el cabo de Buena Esperanza que provoca la desaparición de las galeras mercantes y el declive del comercio veneciano.*

La vela latina estuvo presente en las embarcaciones desde que comenzó su mayor difusión con los dromones bizantinos, por el siglo I de nuestra era, hasta su esplendor durante toda la Edad Media, con la hegemonía veneciana como protagonista en el Mediterráneo. Con las primeras galeras venecianas convivió una embarcación de porte pequeño, la coca mediterránea que en *1207 aparece con dos palos con velas latinas, y en 1275 cuadra a proa y latina a popa; sin embargo, todavía en el siglo XIV mantiene dos palos con el aparejo latino* (Mas García, 1991, 42).

Bien entrado el siglo XV el aparejo latino se usa para arbolar embarcaciones, pero es más frecuente observar cómo se utiliza conjuntamente el aparejo redondo junto con el latino generalmente en los palos de popa. De esta manera, las encontramos en las carabelas, que surcaron el Mediterráneo y el Atlántico, siendo protagonistas indiscutibles de los comienzos de los descubrimientos y de las conquistas de tierras lejanas.

La carabela mantiene el aparejo latino y como dice De Brossard *(2000, 267) la pequeña carabela tiene pues, de origen, velas triangulares en largas entenas muy inclinadas, la amura muy cerca del puente (sin almenas.* Posteriormente la carabela fue evolucionando hacia la combinación de velas cuadras con velas latinas, con las velas cuadras en los mástiles de proa (mayor y trinquete) y las latinas en los de popa (mesana).

La carraca, que era un barco eminentemente mercante, también utilizó las velas latinas, pero como en la carabela más evolucionada, en combinación con las velas cuadras y los mástiles de popa. Claro ejemplo es la carraca Santa Catarina do Monte Sinaí que tenía dos velas latinas en la popa, una la encontramos en la mesana y otra en la brigantina.

Para De Brossard *(2000, 272)* el galeón mantiene el velamen de la carraca, *con trinquete y gavia de trinquete a proa, latina y mesana de buenaventura en el palo de mesana, buenaventura con o sin juanete; estos dos mástiles con velas latina incluyen también las velas superiores.* El galeón responde a la necesidad de buscar una nave más segura, con más capacidad de maniobra, mayor rapidez de desplazamiento y mayor eficacia a la hora de ceñir.

Para Mas García (1991, 61) con la aparición del galeón *perderá la vela latina el principal protagonismo que había venido desempeñando hasta entonces. Se marca un punto de inflexión en el que el desarrollo de la vela latina, principal elemento de la nave pasa a desempeñar un papel auxiliar en la mesana.*

La nao fue otra embarcación muy relacionada con las épocas de las exploraciones, de los descubrimientos y de la conquista de otros continentes. Cristóbal Colón utilizó una nao para el descubrimiento de América: la Santa María. La nao también conservaría la tendencia muy frecuente en los siglos XV y siguientes, de combinar velas cuadras y velas latinas en la popa, concretamente *aparejo redondo en el trinquete y mayor, y latino en la mesana, bauprés y hasta, en algunas, cofa en el palo mayor, como puede apreciarse en grabados del tiempo* (Martínez –Hidalgo, 1980, 64).

El bajel fue la natural y larga evolución del galeón que durante los siglos XV y XVI se fue adaptando a las diferentes necesidades de cada país. En el bajel *La única vela latina es la mesana, que ya no se llama de buenaventura, y encima de ella está el juanete de fuga, vela cuadra* (De Brossard, 2000, 274).

A partir de finales del siglo XVIII y comienzos del siglo XIX el aparejo latino se utiliza cada vez menos en los barcos de gran porte, debido a la evolución técnica que permitía al aparejo redondo tener las mismas prestaciones en ceñida que el aparejo latino, determinó que el aparejo latino quedase relegado al cabotaje, a los trabajos portuarios, a la pesca y a las tareas de vigilancia costera por su gran adaptabilidad a todos los tipos de vientos, fundamentalmente a ir en bolina. Ejemplos de estas embarcaciones utilizadas en las costas españolas son el jabeque, el falucho Mediterráneo, el laúd y el bote.

En síntesis, podemos indicar que la desaparición del aparejo latino fue directamente proporcional a los avances tecnológicos que, con la aparición primero, del motor a vapor, y del motor de combustión interna después aplicados respectivamente al tren, a los barcos, a los vehículos y a la aviación, introdujeron una revolución en las comunicaciones que hirieron de muerte la navegación a vela en general y a la vela latina en particular.

Origen competitivo de los botes de vela latina en Gran Canaria.

Para buscar el origen de la vela latina competitiva en Gran Canaria, tendríamos que remontarnos a la primera aparición de la vela latina en Gran Canaria que es posible haya tenido que producirse después de la Conquista de Gran Canaria por el Reino de España en 1483, porque los aborígenes de Gran Canaria no conocían la navegación propiamente dicha; es decir, no conocían la dirección de los vientos, los rumbos y las corrientes, aunque Torriani describe que los aborígenes de Gran Canaria conocían alguna forma de navegación porque utilizaban troncos ahuecados que utilizaban como medio para pescar o trasladarse a otras islas. En esta misma línea, Martínez de Guzmán sostiene que los aborígenes canarios conocían algún tipo de navegación y está en contra de los autores que *han afirmado rotundamente que los canarios no conocían el arte de la navegación. Este juicio, aceptado sin reservas y que excluye a priori el uso ocasional de la navegación, ni siquiera por minorías aborígenes, tampoco considera como datos los siguientes:*

El testimonio detallado de Leonardo Torriani, que especifica y describe un artefacto náutico utilizado por los aborígenes de Gran

Canaria, con el cual alcanzaban la isla de Fuerteventura. [...] No renunciamos a transcribir un texto que estimamos fundamental:

También hacían barcos de árbol de drago que cavan *entero, y después le ponían lastre de piedra, y navegaban con remos y con vela de palma, alrededor de las costas de las islas; y también tenía por costumbre pasar a Tenerife y a Fuerteventura y robar. Por esta navegación llegaron a parecerse con los demás isleños, tanto en el lenguaje como en algunas costumbres, como se dijo de los de Fuerteventura, los cuales imitaron a los canarios en su modo de hacer justicia.* (Torriani, Cap. XXXVI, 113-114; Martínez de Guzmán, 1982, 32-33)

Este mismo autor citando a Wölfel indica que *Se deduce que las islas Canarias eran conocidas en los puertos Mediterráneos italianos y catalanes a partir de la mitad del siglo XIV; los catalanes, por lo menos, tenían en aquel tiempo puestos fijos y establecimientos comerciales en ellas y eran devueltos a su patria como catequistas canarios conversos que hablaban correctamente el catalán por haber vivido como esclavos, o al menos prisioneros en Mallorca. Puede darse por seguro que de aquí arrancan las noticias sobre misiones franciscanas a las islas en aquella época. Ello presenta como ridículo el supuesto que 50 años después, por lo menos, los canarios mirasen como pájaros a los buques de Bethencourt, más bien hay que pensar que cien años de capturas y de rapiñas en las costas isleñas hicieron perder a los indígenas la costumbre de navegar que seguramente tuvieron antes* (Wölfel, 1932, 29) (Martínez de Guzmán, 1998, 129).

Por otra parte, hay autores que mantienen que los aborígenes canarios no conocían la navegación. Así, Martínez de Guzmán, afirma que *Entre los prehistoriadores que negaron la posibilidad de una navegación autóctona en el archipiélago, citaremos a Balout, cuyo juicio ha influenciado por su indiscutible autoridad arqueológica, entre los jóvenes investigadores:*

Hemos de admitir - dice el profesor Balout-que no hubo jamás, antes de los tiempos históricos otra cosa que la posibilidad de una navegación de fortuna, con frecuencia sin retorno. Las Islas Canarias fueron un archipiélago sin marinos. No hubo nunca una "talasocracia canaria" que uniera unas islas a la vez tan próximas y tan lejanas entre sí. Carecen de tradición marítima, de modos de navegación, de construcción naval (Balout, 1971, 102; Martínez de Guzmán, 1982, 34).

Por otra parte, Régulo Pérez (1982) indica que la *historia de la navegación en las Canarias se inscribe en la historia de la navegación atlántica, sin particularismos dignos de mención. Que sepamos, no hay técnicas de navegación propias de las Canarias, sino asimilación y práctica del desarrollo náutico internacional. Las condiciones normales de la navegación a las Canarias, o desde ellas, eran las generales de las derrotas del área marítima donde están ubicadas; más fácil la arribada a las Islas, por aprovechar los alisios y las corrientes, y más difícil la ida a Europa, casi siempre de bolina.*

El debate queda, a la espera de las nuevas aportaciones de los investigadores que puedan clarificar esta cuestión interesante, difícil y compleja.

Cuando llegaron los primeros españoles a las islas arribaron con toda su cultura social, política y económica y, por supuesto, con toda su cultura naval que traía consigo siglos de experiencia en el arte de navegar y en la construcción naval. En el siglo XV fuerza naval española era una de las más importantes en el mundo, que junto con el resto de las marinas europeas (portuguesa, británica, francesa e italiana) estaban luchando por la supremacía naval en el que continente europeo y asiático. La marina española en el siglo XV estaba construyendo los cimientos navales para convertirse en la mayor potencia naval en siglos posteriores y que llegó a su mayor esplendor con el reinado de Felipe II.

En el reinado de los Reyes Católicos, la vela latina era un aparejo muy utilizado tanto por las grandes naves que hacían travesías de muchos meses, como para labores de cabotaje y de pesca.

A los puertos españoles arribaban multitud de naves con sus flamantes velas latinas en dos o tres mástiles y que empezaban a convivir con las velas cuadradas muy evolucionadas y con multitud de pequeñas embarcaciones latinas que se encargaban de labores de transporte de mercancías desde los barcos mercantes hacia tierra firme, y sin olvidar las embarcaciones que se dedicaban a las faenas pesqueras.

Por suerte para los investigadores, existen multitud de pinturas de la época que muestran una pléyade de barcos aparejados con velas latinas fondeados en los puertos de todo el mundo, que los pintores se encargaron de inmortalizar para las generaciones del futuro. Como hemos mencionado, los españoles trajeron consigo la tradición de navegar con el aparejo latino tanto en embarcaciones de gran calado, como en embarcaciones de cabotaje y de pesca que proliferaban por todas las costas españolas en el siglo XV.

La utilización del aparejo latino en las labores de pesca y de cabotaje fue muy común y prevaleció a lo largo de los siglos en todo el litoral español, llegando incluso hasta nuestros días, en que ha sido desplazado por la utilización del motor de combustión. Esta duración en el tiempo se debe a la versatilidad del aparejo latino que se puede utilizar en todos los rumbos, se adaptaba muy bien a la navegación en bolina (contra el viento) y a los roles de los vientos.

Dibujos de G. LLECHA.

Como hemos apuntado, esta tradición llegó con los conquistadores, se quedó y se trasmitió a los aborígenes y a las generaciones posteriores que fueron el resultado de la mezcla entre la cultura aborigen y la cultura conquistadora. De esta forma se transmitió la experiencia de los carpinteros de ribera que vinieron de España, se establecieron en el Real de Las Palmas y que eran necesarios para la reparación y construcción de nuevos barcos para satisfacer las necesidades de la incipiente sociedad insular que requería de embarcaciones para la pesca, el transporte de mercancías y personas hacia los nuevos asentimientos que se estaban estableciendo en la isla de Gran Canaria.

Rivero Suárez (1991, 379) indica que *con anterioridad a la conquista de las islas no existía la construcción naviera, pues, como es de todos conocido, los aborígenes vivían de espaldas al mar. Tras la conquista los primeros carpinteros de ribera instalados en las islas procedían en su mayoría de Portugal, dada la tradición marinera de los lusitanos, pero inmediatamente surgen los primeros artesanos dedicados a esta actividad y las primeras normas para construir los barcos canarios; así en 1556 las Ordenanzas del Consejo de Indias disponen que los barcos canarios debían tener capacidad máxima de ochenta toneladas. Pero la deforestación que sufren los bosques de las islas, fundamentalmente en Gran Canaria y Tenerife, por las razones ya expuestas, llevó a que, en los primeros años del siglo XVII, sólo se permitiera la fabricación de embarcaciones destinadas al tráfico local.*

Martín Galán (1984, 129) indica que, *por otro lado, una actividad vinculada a las funciones marítimas que, sin embargo, al finalizar el siglo XVIII y el primer tercio del XIX, sí adquirió relevancia en la ciudad fue la que corresponde a la construcción naval. Esta industria, aunque precaria, es propiamente la primera que se implantó en la estructura urbana de la ciudad, con cierta raigambre de antiguo, y que llegará a conocer su apogeo histórico hacia mediados del siglo XIX. Tal actividad está ya instalada desde los primeros tiempos después de la conquista, tanto en lo referente a la construcción naval, de poco porte, como en las funciones subsidiarias de reparación y careneo.*

A este respecto, es preciso indicar que en los siglos posteriores a la conquista las comunicaciones terrestres entre los asentamientos de la isla de Gran Canaria eran deficientes y en muchas ocasiones el traslado de las mercancías y de personas se tenía que hacer por mar, utilizando embarcaciones pequeñas de cabotaje. En esta línea, Lobo Cabrera (1991, 334) afirma que *El comercio local es de ámbito reducido, en el caso canario se circunscribe al practicado en el interior de cada isla, donde un núcleo domina al conjunto del entorno por centrarse en él las funciones administrativas y eclesiásticas. Estos núcleos, unos con mayor importancia que otros, son el campo de atracción de los artículos producidos en sus alrededores, tales como cereales, pescado, hortalizas y frutos, y en punto desde donde se distribuyen los artículos importados, llegados del exterior, y demandados por la sociedad insular. Este comercio se realizaba principalmente por la vía terrestre, aun cuando dada la orografía de algunas islas se recurría al cabotaje.*

Calero Martín indica respecto al cabotaje menor que *Este tipo de navegación, propiamente interinsular, se ajusta perfectamente a la significación estricta del vocablo (de cabo a cabo-navegación costera o costanera), y que fue una forma tradicional de navegación, que pervivió hasta bien entrado el siglo XX: las naves, muy pequeñas, en ocasiones a remo, comunicaban puertos de una misma isla mediante cortas travesías, en las cuales no se perdía la vista la costa.[...] Ya hemos mencionado, que la red de transportes interiores era deficiente e incluso, en algunas zonas, inexistente. La comunicación por tierra de muchas comarcas originó el nacimiento de puertos, más o menos grandes, que sustituyeron los transportes terrestres por marítimos, más rápidos y cómodos, entres distancias no superiores en ocasiones, a los 30-40 kilómetros. El cabotaje menor que supone la sustitución de la red continental por la marítima afectó a todas las islas, aunque no por igual.*

El mismo autor indica que *Superada la fase de conquista, comienza para Canarias el período de colonización, de asentamiento, de organización socioeconómica, y como resultado de este proceso, el inicio de las comunicaciones marítimas entre las islas. Las Canarias, incorporadas rápidamente al devenir histórico, necesitan de un sistema de transporte que asegure la relación entre los diferentes espacios que componen el archipiélago* (Calero Martín, 1979, 17).

Una vez establecido que probablemente fueron los españoles los que introdujeron la vela latina en Gran Canaria habría que adentrarse en el origen de la embarcación de la vela latina, es decir, el bote. En primer lugar, creemos necesario, aportar el significado náutico de bote, para precisar mejor nuestro cometido. En concreto, la Enciclopedia Universal afirma que *Para poner en movimiento e impulsar los botes se hace uso de remos y velas y de distintos otros medios mecánicos de propulsión, tales como las máquinas a vapor y los motores de explosión. Según ello, los botes se denominan: de remo, de vela, de vapor y automóviles. Los botes de remos, para armar estos, llevan en las bordas practicadas chumaceras, o bien van provistos de horquillas, escalamos o toletes, y según su manga permita bogar con uno o dos remos en cada bancada, así se llaman bote de remos de punta y bote de remos pareles. En los botes de vela los aparejos son de muy distintos tipos, pero las velas comúnmente empleadas son las latinas y las de cuchillo en todas sus variedades* (Enciclopedia Universal Ilustrada, 301).

El bote, tuvo que ser introducido al igual que el aparejo latino, por los españoles o, posteriormente, por los europeos. Una hipótesis lógica, es que fueran los españoles los que introdujeran el bote, ya que después de la conquista la Corona Española era muy recelosa de las posibles influencias extranjeras, por la posición geoestratégica de las Islas Canarias. En esta línea, si analizamos con detenimiento las numerosas ilustraciones y pinturas españolas y europeas con temas marinos, podemos observar que en los puertos españoles y europeos desde el siglo XVI era muy frecuente descubrir botes con similares características, proa en punta y popa en espejo, con diferentes esloras y mangas y que sutilizan el aparejo latino o los remos para desplazarse por los puertos.

Por las razones expuestas, parece claro que la aparición del bote de vela latina canaria está relacionada directamente con esta tradición española y europea, más si cabe, por las influencias españolas y europeas que tuvo Gran Canaria, por ser punto de encuentro de multitud de culturas, lo que se acentúo con el descubrimiento de América en 1492, que convirtió al archipiélago en general y, a Gran Canaria en particular, en paso obligado de todos los mercantes que iban hacia América.

Si analizamos los botes que aparecen en esas ilustraciones podemos deducir que las características de construcción no varían mucho con respecto a las características principales de los botes actuales.

En segundo lugar y, una vez expuestos estos planteamientos sobre el origen del bote de vela latina en Gran Canaria vamos a buscar los orígenes de la de la vela latina competitiva en Gran Canaria.

La hipótesis que planteamos sitúa el origen competitivo de los botes de vela latina en Gran Canaria en las faenas portuarias de los antiguos pobladores de la ciudad de Las Palmas que competían por llegar los primeros a los barcos que fondeaban en la Bahía de la Luz ya, sea para llevar a pasajeros hacia el antiguo muelle de Las Palmas o para vender, comprar o intercambiar productos.

En primer lugar, quiero indicar que existen otros autores que han utilizado esta misma hipótesis para dar respuesta al origen de la Vela Latina Competitiva en Gran Canaria, sin explicar los elementos que confluyeron en el origen a esta modalidad deportiva, pero aportando aspectos interesantes a tener muy en cuenta. Así, Mentado Gil (1989, 9) indica *Los botes de turno competían entre sí. Pues bien, a remos o, a vela, llevaban el pasaje y parte de la carga desde los vapores hacia tierra firme y viceversa.*

Este mismo autor indica *Cabe mencionar aquí la labor de trasbordo llevada a cabo por los "boteros del turno", quienes a golpe de remo hicieron eficazmente posible el rol histórico que, del puerto y comercio de la ciudad, por culpa de la "deficiente" cobertura portuaria, les sería fortuitamente encomendado. Labor ésta desarrollada durante esos 19 años que duraron las obras de construcción del "muelle de Refugio" o de la Luz (1883-1902). Embarcaciones constituidas en "taxis marítimos" rivalizaban entre ellas por la ejecución de un más rápido servicio en cuanto al trasbordo de pasajeros y mercancías, desde los buques surtos en la incipiente rada portuaria, a tierra firme (viceversa). Vemos que está práctica, entonces supervivencia, se convierte en deporte toda vez se extingue esa beligerancia natural al cesar las obras del puerto, que dejaban en suspenso la tarea de trasbordo y un ostensible vacío estrictamente laboral, que les hizo adoptar desde entonces otras misiones* (Mentado Gil, 1990, 4).

Cardona Sosa (1995, 79) afirma que *La ciudad ganó en actividad con la construcción del muelle en la desembocadura del barranquillo de Mata, hoy cubierto, en cuya margen derecha está el actual parque San Telmo. Se terminó en 1856 y, aunque hizo un buen servicio al entonces Real de Las Palmas e isla, no resultó operativo al tener que fondear a distancia los navíos viéndose obligados a esperar amainaran los tiempos que dificultaban las maniobras de atraque, lo que hizo incrementar la tarea de los llamados "boteros" que, en esas condiciones, realizaban la carga y descarga de mercancías y personas, en pequeñas barcas a remo.*

Rodríguez Buenafuente *(1996, 78-79)* recoge que *[...] era lo habitual en los "puertos" de la época que los botes fueran los encargados de trasladar la mayor parte de las mercancías entre los barcos fondeados y el muelle a la entrada de la ciudad; pero, a diferencia, por ejemplo, de Santa Cruz de Tenerife, donde se fondeaba a 100 ó 150 mts escasos del muelle, en Las Palmas, la distancia desde los fondeaderos variaba entre 500 mts y 4 km. Era demasiado para cubrirlo a remo de forma efectiva, más cuando lo interesante era llegar en primer lugar al barco para obtener una buena carga. Esto es suficiente para originar una fuerte tradición portuaria de uso de botes a vela; incluso justifica la tradición de las regatas y desafíos en rumbo de ceñida, remontando los vientos del primer cuadrante dominantes en la había, para dirigirse al fondeadero.*

Oller y García Delgado (1996, 34) en la misma línea de los autores citados, indican que *Como sucede en Arrecife, los botes de Las Palmas de Gran Canaria son la evolución de los botes cambulloneros del puerto de Las Palmas, los que antaño se dedicaban al tráfico portuario y hacían de lanzadera entre los barcos fondeados en la rada y la playa del puerto.*

También para Roque Pérez (1993, 279) dice *La Vela Latina Canaria es una manifestación náutica y deportiva que tiene su origen a principios de siglo, como consecuencia de las regatas celebradas por embarcaciones dedicadas a faenas portuarias y de pesca.*

Además, podemos indicar que la utilización de botes arbolados con velas latinas era algo muy común en la bahía de Las Palmas, como se refleja en los grabados y periódicos de la época y de las que nosotros recogemos algunos, sin pretender ser exhaustivos.

Puerto de Las Palmas, 1857. Museo Canario

Puerto de La Luz.1897. Museo Canario

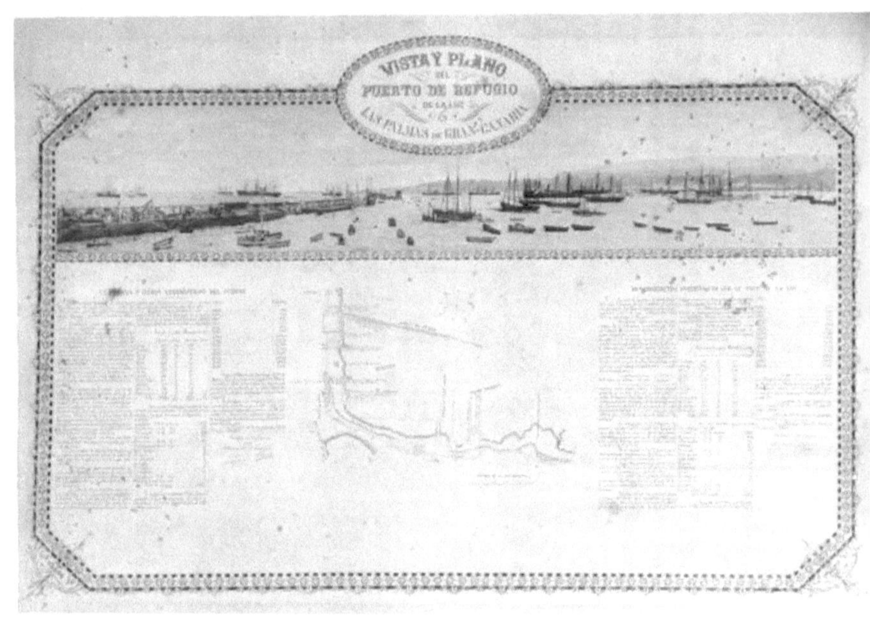

Puerto de La Luz. 1897. Museo Canario

Puerto de La Luz.1894. Museo Canario

Es necesario constatar que los trabajos portuarios de las lanchas y botes generalmente se realizaban a remo, en aquellos puertos que tenían relativamente cerca sus desembarcaderos de las ciudades, aunque no dudaban en utilizar sus velas en caso necesario. Así podemos descubrir multitud de pinturas que muestran como dentro de los puertos se utilizaban tanto remos como velas para efectuar los trabajos de transportes de personas y mercancías.

En cambio, las características particulares de la Bahía de Las Palmas y la tesitura socioeconómica hicieron que se desarrollase más la utilización de la vela que el remo fundamentalmente por una economía de esfuerzo, ya que los barcos que fondeaban en la Bahía de Las Palmas estaban a 7 kilómetros del centro de la ciudad de Las Palmas y llevar a remo mercancías y pasajeros hacia la ciudad era impensable.

La utilización de los botes a vela para la realización de los trabajos de transportes de personas y mercancías fue muy frecuente hasta que se avanzó en la construcción de los primeros espigones del Puerto de la Luz y se concluyó la carretera del Puerto. Incluso con el Puerto de la Luz funcionando normalmente, se siguieron utilizando botes de vela latina para realizar labores portuarias, ya que había muchos barcos que fondeaban en la bahía de Las Isletas porque no encontraban lugar para atracar en el puerto, o que simplemente fondeaban para hacer la "aguada", reponer fuerzas y provisiones para seguir su ruta o realizar acciones comerciales.

Existen referencias periodísticas que avalan la utilización de los botes para carga y descarga de mercancías y para el traslado de pasajeros a tierra. Así en el Ómnibus leemos: *Tarifa a que han de sujetarse los patrones de los botes que conducen pasageros y equipajes desde tierra a bordo de buques y viceversa. [...]*

Tarifa que rige en Las Palmas de GC para el desembarco de pasageros.

Por cada pasagero con su maleta de día y de noche 8 rnv.

Por un bote para llevar a bordo un pasagero y viceversa 2 reales.

Por una lancha para ídem con diez hombres ïdem-30 reales.

Sta. Cruz de Tf. 24 de septiembre 1861 (Ómnibus, 1861).

Cuatro años más tarde, estas tarifas desaparecieron por Real Decreto del Ministerio de la Marina (El País, 1864), quedando el servicio de carga y descarga de mercancías y pasajeros liberalizado, lo que posiblemente aumentó el número de botes para realizar estos servicios y, como consecuencia, crecería la competencia entre estas embarcaciones.

En La Reforma se lee *En la mañana del 26 pasó por nuestro puerto, en dirección al sur un enorme vapor de hélice inglés, con cuatro palos y al parecer cargado de tropa. No estuvo al habla con ningún buque ni bote a la vista, pero atendidas las circunstancias del día se supone que iba en viaje para la India* (La Reforma, 1857).

El País *escribe Nosotros creemos una falta, un abuso intolerable, cuanto redunde en perjuicio del público, y por tal tenemos la demora que observamos en echar en tierra la correspondencia de los vapores correos. Aunque esto sucede siempre, nos concretamos á lo que sucedió con la que condujo el vapor del 12, y lo que nosotros mismos presenciamos. Fondeó el vapor, y vimos llegar consecutivamente tres botes á nuestro muelle con carga y pasajeros, sin que ninguno condujese la correspondencia. Ya desesperábamos de recibir cartas y papeles, cuando al fin apareció aquella. ¿Podrá hacerse lo contrario de lo que sucede, que es lo que en regla debería efectuarse?* (El País, 1863)

El País sigue en sus afirmaciones *[...] Esto nos hace recordar un hecho igual que presenciamos con el correo del 28 de septiembre, cuya correspondencia, mandada a recoger á las tres de la tarde, porque el mar no parecía muy bueno, vino à embarcarse la valija á las nueve de la noche en el bote mismo que conducía á los pasageros y sin que el mar se notase variación [...]* (El País, 1863).

El Ómnibus dice *Ese práctico no tuvo para salir en los días 14 y 15 porque sin hacer buen tiempo podían entrar y salir del muelle los botes con entera confianza en la alta como en la baja marea* (El Ómnibus, 1864).

La Verdad expone *El miércoles último se embarcó para la península en el vapor correo, nuestro amigo particular el diputado electo por el distrito de Guía. El partido republicano le hizo una afectuosísima despedida. Multitud de personas le acompañaron desde la salida de su casa hasta el puerto de la Luz. En la carretera había una banda de música que también le siguió hasta el embarcadero. El bote que le condujo a bordo del vapor estaba vistosamente engalanado é iluminado con farolillos de colores[...]* (La Verdad, 1872).

También nos parece importante recoger algunas referencias bibliográficas de distintos investigadores que enriquecen nuestro planteamiento:

Quintana Navarro (1985, 62) indica que *La mayor afluencia de buques, y el continuo movimiento de mercancías, exigió tanto la construcción de un mayor número de embarcaciones menores para realizar las faenas en el interior del Puerto, como el ofrecimiento a los buques en tránsito de unos mínimos servicios de reparación y de limpieza y pintado de sus fondos.*

De Quintana y León (1882, 198) constata que *para verificar las operaciones de carga y descarga cuéntase con las embarcaciones necesarias, cuya cabida es de 40 toneladas, por regla general; y multitud de botes que prestan los servicios de pasajeros y equipajes.*

Estos autores y como prueba recogen que *Como demostración a todo lo dicho véase la relación siguiente, que comprende todos los buques construidos en los astilleros de Las Palmas desde 1820 hasta la fecha [...]*

Fragatas 4
Bergantines10
Bergantines-goletas38
Paillebots56
Balandras5

Embarcaciones menores de pesca130

Embarciones menores del tráfico del puerto136. (De Quintana y León, 1882, 136-137).

Stone relata su desembarco en Gran Canaria indicando que *Nosotros, sin embargo, tuvimos que librar nuestra propia batalla con los barqueros en cuanto a los precios por llevarnos a tierra ya que, sin duda, el intérprete estaba de acuerdo con los barqueros. Posteriormente, el individuo en cuestión fue despedido por su patrón, algo que nadie lamentó. [..] Desembarcamos en el Puerto de la Luz, porque consideraban más seguro desembarcar allí. Cuando los navíos pasan un par de días, prefieren este fondeadero porque están más protegido* (Stone, 1995, 8).

La misma viajera continua *Partimos del hotel a las 4.p.m, ya que nos habían avisado que nos haríamos a la mar a las cinco en punto. Sin embargo, tuvimos que permanecer en el muelle hasta la 7 p.m, hora en que, por fin, partió el bote que nos condujo al Vérité.* (Stone, 1995, 287)

Jordé (1952, 13) indica que *[...] junto a la pedregosa playa, estaban instalados los antiguos astilleros, en los cuales se construían y reparaban pailebotes y embarcaciones menores para el cabotaje y los servicios de los puertos de la Luz y de Las Palmas.*

Hay que recordar el incremento progresivo del número de barcos que llegaban a Gran Canaria desde 1850 hasta finales del siglo XIX, lo que supuso un aumento de la actividad comercial para la ciudad de Las Palmas, que significó el paso de una economía meramente de subsistencia a los comienzos de una economía mercantilista. En esta línea Quintana Navarro (1985, 37, 38) constata que *El crecimiento del tráfico marítimo fue inmediato. Las navieras no esperaron a que los muelles estuvieran acondicionados para hacer recalar sus barcos en aguas de La Luz; tan sólo cuatro años después del comienzo de las obras, en 1887, el Puerto de Refugio se había convertido en el primer puerto del Archipiélago por su tráfico marítimo, con un registro de vapores y tonelaje a punto de triplicar los índices de 1883. [...] El espectacular incremento del tráfico portuario se dejó sentir en todos los parámetros de referencia a los que acudamos: en el volumen de mercancías descaradas, en los transbordos, en el número de tripulantes y de pasajeros, etcétera. En fin, El Puerto de La Luz desarrolló también un efecto multiplicador sobre el conjunto de la actividad económica, y en particular, en el crecimiento de importaciones y exportaciones*

Martín Galán (1983, 4-9) aporta los siguientes datos *[...] Justamente, "el puerto de refugio" de La Luz tenía el oportunismo y la fortuna de nacer coincidiendo con la expansión imperialista de las potencias europeas de finales del XIX y comienzos del XX.*

En efecto, al examinar la evolución del movimiento de buques durante los treinta años que discurren de 1860 a 1890, atendiendo al tonelaje de arqueo del tráfico (vapores y veleros), se observa que la actividad portuaria de la ciudad de Las Palmas se multiplicó nada menos que por 63. Así en 1860 el tráfico portuario fue de 48.500 tm y en 1890 lo fue de 3.063.506 Tm. Se pasó en esos mismos años de 19 vapores entrados en 1860 a 236 en 1883 y a 1441 en 1890. [...].

Una vez expuestos estos datos sobre la presencia de los botes en la Bahía de Las Palmas, nos centraremos en los pilares en los que se fundamenta nuestra hipótesis que son los siguientes: la situación privilegiada de la Bahía de Las Isletas, la mala ubicación del Melle de Las Palmas, la inexistencia de una carretera que conectara la ciudad de Las Palmas con la Bahía de La Luz, las características particulares del desarrollo portuario en Gran Canaria, las posibilidades de la navegación con vela latina que permite navegar tanto en bolina como en empopada, las carencias que hacían del trueque un medio clave de subsistencia y la liberación del servicio de carga y descarga de mercancías y pasajeros.

1º. La situación privilegiada de la Bahía de Las Isletas que era refugio natural e inmejorable para todas las embarcaciones que recalaban en la isla de Gran Canaria y un lugar idóneo para comprar víveres frescos y agua para seguir la larga travesía o intercambiar productos con los isleños.

La Bahía de Las Isletas está situada al noroeste de la isla de Gran Canaria con el abrigo de las cuatro montañas de La Isleta, que resguarda a las embarcaciones de los vientos alisios predominantes durante todo el año y con una dirección norte o noroeste.

Bahía de Las Isletas. Grabado de Williams. Historia de Canarias, nº 19

La situación de la Bahía de Las Palmas fue esencial para el desarrollo competitivo de los botes de vela latina en Gran Canaria ya que, muy posiblemente, sin esta inmejorable ubicación, no se hubiera desarrollado de la forma que se ha hecho, porque esta bahía permitió que multitud de navíos procedentes de Europa y del resto del mundo, pudieran fondear con seguridad, al tiempo que esta misma circunstancia posibilitó que a su alrededor se desarrollara un comercio entre los navíos y los botes de vela latina.

En muchas ocasiones no había forma de atracar en el pequeño muelle de Las Palmas que con una sola embarcación de mediano o gran tonelaje lo cubría por completo. Esto hacía que las embarcaciones fondearan en la Bahía de Las Palmas a la espera de tener la posibilidad de atracar en el muelle para descargar sus mercancías y cargar otras, circunstancia que aprovechaban los avispados marineros con sus botes para dirigirse a gran velocidad hacia los navíos para ofrecerles distintos productos o simplemente para acercarlos hasta la costa o hacia la capital. En otras ocasiones fondeaban en la bahía para hacer una pausa en su largo recorrido, reponer fuerzas y víveres para seguir su travesía hacia su destino, siendo atendidos también, en esta ocasión, por los botes que le ofrecían sus servicios para llevar pasajeros a tierra o para vender o intercambiar productos.

Publica el Ómnibus *En la posición que ocupan las Canarias, los buques que cruzan constantemente el Atlántico deben buscar en ella abrigo y protección. Unos, desmantelados, por las tempestades, acuden a reparar sus averías, otros, sin víveres ni agua, vienen a renovar sus provisiones.* (Ómnibus, N.º 623)

Esta ubicación fue y ha sido de trascendental importancia para el desarrollo comercial de la isla de Gran Canaria, y esta bahía convirtió en enclave estratégico a la isla y al tiempo objetivo primordial de las potencias marineras del siglo XV, que supieron ver en las Islas Canarias en general y a Gran Canaria en particular como trampolín geoestratégico para la conquista del mundo.

Tejera Gaspar y Aznar Vallejo (1988) comentan que el contacto entre las culturas prehistóricas canarias y la civilización de Occidente está ligado al proceso de expansión europeo en la Baja Edad media. El motor de este fue llamado "capitalismo comercial" o "precapitalismo", ingente esfuerzo de racionalización, especialmente en el sector terciario. Sus repercusiones afectaron tanto al plano de las estructuras económicas, caracterizadas a partir de entonces por la innovación, el riesgo y el creciente volumen, como al de las mentalidades, en el que la idea de "lucro" desplaza a la de "servicio". El resultado práctico de dicho espíritu es visible tanto en el progreso de los medios técnicos que apoyan la expansión, tanto en lo referido a los transportes (nuevos tipos de navíos, desarrollo de la cartografía y los sistemas de navegación...) como en lo relativo a al plano de la financiación (aparición de sistemas de pago no monetarios y de aseguración, desarrollo del crédito comercial...) y de las instituciones mercantiles (multiplicación de correos...).

Durante el s. XV la meta de la expansión europea fue la colonización, es decir la creación de nuevas estructuras, tanto por importación de nuevos elementos, como por transformación de otros anteriores. Tal creación afectó tanto al espacio geohistórico, porque pasa de compartimentado a unificado y de aislado a relacionado con el exterior, como a las realidades demográficas, económicas, sociales, institucionales y de mentalidades que el mismo sustenta, y que a la larga contribuyen a su transformación, mediante la humanización del paisaje.

Lobo Cabrera (1991, 340) afirma que *En las islas y ciudades donde la relación con el exterior se hace a través del mar, eran necesarios unos puntos de contacto capaces de ponerlas en relación con el exterior. Para la época las rutas se trazan de puerto a puerto, a lo largo de las costas de las islas a los continentes, y en el caso que nos ocupa a Europa. Los puertos eran simples surgideros o abrigos aptos para desembarcar, donde los navíos quedaban a resguardo de las grandes mareas y de los vientos, y donde las operaciones de embarque y desembarque se podían realizar sin grandes dificultades en pequeños bateles o chalupas de servicio. En las islas los principales puertos eran el de las Isletas, en Gran Canaria, con gran intensidad de tráfico en el siglo XVI.*

A este respecto hay que indicar que la Bahía de Las Isletas era considerada desde los tiempos de la conquista como uno de los mejores fondeaderos. Así lo atestigua Philippe de Kerhallet (1858, 32) *Por sus recursos; por la pesca que se encuentra en sus mares; por sus productos, y, sobre todo, por la bahía de las Palmas, sin disputa la mejor del archipiélago, la isla de la Gran Canaria es reputada como la más importante de todas las de este grupo.*

2º. La mala ubicación del antiguo Muelle de Las Palmas que había épocas en que era imposible fondear para descargar.

Que la situación del antiguo muelle de La Palmas no era idónea para el desarrollo del comercio y la economía Gran Canaria era un hecho innegable. Este emplazamiento satisfizo de manera aceptable las necesidades comerciales básicas en los primeros siglos después de la conquista porque no suponía grandes quebrantos para una economía puramente de subsistencia y colonialista, que sólo buscaba en el muelle de Las Palmas un punto de apoyo para consolidar la hegemonía militar, política, social y cultural de la Corona de Castilla en Gran Canaria y en el resto de las islas. Pero con el transcurso de los siglos y con la consolidación de la conquista en las Islas Canarias, el posterior descubrimiento y colonización de América y el fortalecimiento de España como potencia mundial, el muelle de Las Palmas se convertiría en punto de paso obligado para la mayoría de los barcos que iban hacia América o para aquellos barcos que mantenían frecuentes contactos de diversa índole con la incipiente población de Gran Canaria.

Morales Lezcano y Quintana Navarro (1982, 412-414) realizan un conjunto de afirmaciones que nos parece necesario recoger por la clarificación que aportan a nuestro cometido: *No puede interpretarse el logro portuario de 1882 sin tener en cuenta el especial enclave geográfico del archipiélago canario, situado en la "derrota" de Europa con África y América. La situación estratégica de las islas posibilitó su conversión en destacada estación trasatlántica para aquellos pabellones y banderas que, espoleada por el desarrollo de los medios de comunicación marítima, aspiraran a intervenir activa y decididamente en el amplio fenómeno de la "mundialización.*

[...]Las innovaciones en los medios de comunicación y el generalizado desarrollo de los medios de producción impulsaron el ritmo del comercio internacional de un modo aparatoso. La marina mercante registro en la época un tonelaje en continua expansión, mejorando al mismo tiempo la calidad de sus servicios. El crecimiento de la navegación contó pronto con el liderazgo británico, al disponer de mano de obra, capital y técnica, acumuladas en la su primera fase de industrialización.

Además, con la aparición y consolidación del imperialismo colonial, a partir de 1870 algunos estados del sistema europeo activan el engranaje de su expansión hacia el continente africano.

La búsqueda de zonas de influencia se hizo necesaria a medida que se aceleraba el "reparto del mundo". Canarias no puedo ofrecer resistencia a tal impulso, dada su atrayente situación como plataforma para quienes fijaban sus miradas en el "continente de las tinieblas.

Tanto para el comercio internacional, como para el colonialismo, el mar seguía siendo el medio de expansión. El triunfo del vapor sobre la vela, acelerado desde la apertura de Suez en 1869, y generalizado en los años ochenta, consiguió dotar a la navegación de tres importantes ventajas: 1) mayor regularidad, 2) mayor capacidad, y 3) mayor velocidad. Pero el vapor necesitaba superar - sobre todo en su primera etapa- su gran hándicap: la" disponibilidad de carga", limitada por la ingente cantidad de carbón exigida por la maquinaria del buque, que le hacía mermar capacidad de flete. Por ello se hizo pertinente la proliferación de diversos servicios e instalaciones portuarios, distribuidos estratégicamente por las grandes rutas transoceánicas a ritmo creciente; es decir; estaciones carboneras específicas para el suministro y avituallamiento de los buques.

Canarias estaba dotada de una idoneidad puesta a prueba por el imperio colonial hispanoportugués desde el siglo XVI, y por las escaramuzas africanas más recientes; en este sentido, pronto se convertirá en un "eslabón" más de la ramificada cadena de comunicaciones marítimas internacionales, que hicieron posible lo que se ha llamado la "unificación del mundo.

Estas circunstancias supusieron el aumento de las naves que fondeaban en el Muelle de Las Palmas o en la Bahía de Las Isletas. Y, como consecuencia de este aumento, el muelle de Las Palmas no tenía espacio físico suficiente, parar dar cumplida satisfacción a todas las necesidades comerciales o de otro carácter, a los barcos que recalaban en las aguas de la bahía de Las Palmas. Y, si a esta situación añadimos el problema que surgía como resultado del mal tiempo, del mar de fondo o de los rebosos, que hacía imposible amarrar los barcos a los norayes del muelle de Las Palmas por el peligro que suponía para la integridad de las personas, de las naves y de las mercancías, la situación se hacía insoportable. Esta particular y frecuente coyuntura, hacía que en muchas ocasiones las embarcaciones tuvieran que ir a fondear obligatoriamente a la bahía de Las Isletas para desembarcar a sus pasajeros y sus mercancías.

Herrera Piqué (1984, 269) insiste en que *El muelle de Las Palmas apenas podía prestar escasos y deficientes servicios a la comunicación marítima de la ciudad y de la isla. La historia de su construcción compuso un largo capítulo signado por la carencia de disponibilidades económicas, los errores técnicos y los inconvenientes de su emplazamiento. [...]Los frecuentes mares de fondo en aquel lugar impedían realizar las ordinarias operaciones de carga y descarga. El muelle de Las Palmas no ofrecía ni comodidad, ni seguridad a las maniobras portuarias.*

Los citados Morales Lezcano y Quintana Navarro (1982, 398) también indican que *La ubicación y características del muelle de*

Las Palmas imponían tales dificultades a las faenas marítimas que en ocasiones éstas resultaban impracticables. Sólo en épocas de buen tiempo los veleros lograban anclar en su bajo fondo, cuando se atenuaban los efectos de los vientos reinantes, y de las gruesas mareas en la zona de costa brava elegida como puerto. En cambió cuando se daba cita el "reboso", las naves se hallaban expuestas a "los efectos destructores de una gruesa mar de fondo". Los peligros eran salvados con la triste "bandera negra", obligando a los entendidos marinos a acudir a las aguas más tranquilas de la ensenada de la Luz, donde una roca de playa hacia las funciones de rudimentario muelle para pasajeros y mercancías que, en lanchas, o lomo humano, desembarcaban en ella. [...] los trabajos portuarios se reducían, mal que bien, al mantenimiento del caduco muelle capitalino, donde los fondeaderos de "Comedurías", "Marisco" y "Plátanos" seguían poniendo en más de un apuro a las embarcaciones, situándolas en ocasiones al borde de la zozobra.

También, Burriel de Orueta (1973, 212) afirma que *La isla se comunicaba con el exterior por el llamado muelle de Las Palmas, que era un rudimentario desembarcadero, frente a la ciudad, apto para una época en que el comercio era insignificante y el tráfico el reducido de viajeros con América y la Península. Las condiciones de su emplazamiento eran muy malas: "situado en un punto de una costa enteramente desabrigada y además de poco fondo y aplacerado, hacen que sean muy frecuentes los mares de fondo que imposibilitan absolutamente comunicar con tierra, obligando a los buques a fondearse a una gran distancia de ella.*

La problemática expuesta fue reflejada con rotundidad en los periódicos locales. Así El País (1863) nos dice: [...] *Acaso se nos dirá que aprobado el proyecto de un muelle de abrigo y desembarque para el Puerto de la Luz, no es ya necesario el que pedimos para esta ciudad; pero á tal propuesta contestaremos; que el muelle del puerto de la Luz está muy distante de satisfacer las necesidades marítimas de esta ciudad; ese muelle se hallará en su día á cosa de siete kilómetros de la ciudad de las Palmas, y por lo mismo reducido á embarcar y desembarcar pasageros en los malos tiempos que no permitan hacerlo por él de Las Palmas. [...] y muchos tiempos después, se hacían las faenas de carga y descarga por el puerto de la Luz ó por la caleta de San Telmo, prefiriendo siempre esta última, cuando los rebosos ó las fuertes mares de brisa no lo impedían. [...] Afirmamos esto, porque hemos oído decir á varios comerciantes que preferirán esto, á hacerlos conducir al puerto de la Luz; porque, sea el que fuere el sistema de conducción que se adopte, siempre le será más oneroso al comercio, que esperar a que se serenen las gruesas mares en el puerto de la ciudad[...]* (El País, 1863 nº 76)

También La Verdad (1871) comenta: *EL MUELLE DE LAS PALMAS. Es la vera efigie de una situación revolucionaria. Todo el que por él se embarca o desembarca, corre riesgo de perder la vida; todo el que por él transita está expuesto a dejar las piernas en el sin número de barricadas y de para petos que en la explanada han dejado los contratistas para que de ellos conserváremos eterna memoria.* (La Verdad, 1871 n° 120)

La Tribuna (1870) insiste: *Pero hoy que desgraciadamente el muelle se halla paralizado ¿quién podrá hacer la limpieza del puerto si no se consigna cantidad alguna para ello? ¿Cómo podrá hacerse el servicio de carga y descarga si sólo a marea llena, y eso con peligro pueden entrar las lanchas? ¿Puede acaso mirarse con indiferencia la vida de tanto marino y pasageros que la necesidad obliga a transitar por la hoy peligrosa entrada del muelle?* (La Tribuna, 1870 n° 18).

La problemática que planteaba la situación del muelle de Las Palmas producía profunda preocupación en las autoridades y comerciantes de la ciudad, que veían como un perjuicio a sus intereses la inoperancia del muelle, solicitando a las autoridades municipales y nacionales soluciones que pasaban por la prolongación del muelle de Las Palmas y por la construcción de un muelle en la bahía de Las Isletas.

Al abrigo de este conjunto de elementos, los botes a vela latina o a remo, desarrollaron una actividad de carga y descarga de mercancías o pasajeros con los barcos que fondeaban en la bahía de Las Isletas o en la bahía de Las Palmas, que venía a satisfacer de alguna forma las necesidades comerciales de la ciudad. De esta manera se establecieron en la bahía una serie de botes que se encargaban de estas labores de carga y descarga, que generó una actividad económica alrededor de los barcos que anclaban en la costa y al tiempo se estableció una fuerte competencia entre los botes, que competían por ver quien llegaba antes a los barcos fondeados.

3°. Otro de los aspectos que ayudaron a fomentar el desarrollo de la vela latina competitiva en Gran Canaria fue la inexistencia de una carretera que conectara la ciudad de Las Palmas con la Bahía de la Luz en los primeros cincuenta años del siglo XIX.

Hasta 1854 no se empezó a construir una carretera de 2° orden, con el fin de acabar con los siete kilómetros de arenas y dunas que separaban el centro de la ciudad de la Bahía de Las Palmas. Esta carretera venía a suplir las necesidades de comunicación entre la Bahía de la Isleta y el centro de la ciudad, ya que había muchos barcos que fondeaban en la Isleta por razones comerciales, para hacer la aguada, comprar víveres o reponer fuerzas y muchos tenían que utilizar esta carretera como único camino para ir a la ciudad de Las Palmas. Las obras comenzaron hasta 1854 y no concluyeron hasta bien entrado el año 1861. Pero hasta que se tomó la decisión de construirla ¿cómo llegaban las personas y mercancías hasta Las Palmas? ¿Atravesando siete kilómetros de un camino intransitable, lleno de polvo, jable y dunas en las entrañables pero incómodas tartanas? Nosotros creemos que antes y durante la construcción de la carretera del Puerto, los barcos que fondeaban en la Bahía de Las Isletas utilizaron los botes para llevar pasajeros y mercancías hacia ciudad de Las Palmas.

El estado del camino del Puerto antes de la construcción de la carretera se reflejaba en los diarios de la época. Así, Navarro Ruiz

(1936, 215) dice *la carretera del puerto de la Luz constituía un verdadero desastre para la ciudad de Las Palmas, era algo que contrastaba con su nueva vida, con su gran movimiento, con su progreso constante por su feo aspecto, por el mal estado de su pavimentación, por las nubes de polvo en el verano y por el lodo del invierno que salpicaba a los transeúntes.*

Herrera Piqué (1984, 266) afirma que *de antiguo existía el camino que conducía a través de eriales y jable a la bahía de las Isletas. Pero desde hacía muchos años se sentía la necesidad de contar con una vía cómoda y segura entre la ciudad y el Puerto de la Luz. Su falta se dejaba notar, sobre todo, cuando los vientos del este y noreste impedían el embarque y desembarque por el muelle de San Telmo, lo que originaba molestias al viajero que se veía obligado a recorrer varios kilómetros de descampado por un camino poco transitable que se perdía entre las dunas de Santa Catalina. Igualmente, el pequeño comercio portuario resultaba perjudicado en tales circunstancias.*

Cirilo Moreno (1947, 8) comenta *Después de la Portada, el trozo que iniciaba la carretera al Puerto de la Luz, ya comenzada, y a cuyo borde poniente se echaban los cimientos de la primera casa, llamada "de la Rifa", que se terminó a los finales del 58, en plena división aún de la Provincia. Nada después, arena y siempre arena, hasta llegar al Mesón ya en pleno Puerto.*

Esta situación aumentaba la competencia entre los boteros, porque ya no sólo competían por comerciar con los barcos y llevar las mercancías y pasajeros a tierra, sino que competían también por llevarlos hacia la ciudad de Las Palmas por resultar más cómodo y rápido, que ir por el camino de siete kilómetros de arenales que se convertían en un calvario para "las tartanas" y los pasajeros.

4º. Las características particulares del desarrollo portuario en Las Palmas de Gran Canaria.

Otro de los elementos que contribuyó al desarrollo de la competición entre los botes de vela latina fue el desarrollo portuario que desde mitad la del siglo XIX, incrementó el número de buques que atracaban o fondeaban en el puerto o en la bahía de Las Palmas, lo que generó una demanda de embarcaciones menores para la carga y descarga de mercancías y transporte de pasajeros.

Morales Lezcano y Quintana Navarro (1982, 415-16) establecen una serie de características que convierten al puerto de La Luz "en activo centro comercial" que recogemos a continuación

- Puerto de carga y descarga.
- Puerto de trasbordo.
- Puerto de depósito y tránsito.
- Puerto pesquero.
- Puerto de pasaje.
- Puerto de aprovisionamiento y reparación.

Y, además

- Ventajas derivadas de las condiciones naturales de la Bahía.
- Fácil suministro y avituallamiento de los buques.

- Foco de atracción de viajeros.

Todas estas características hicieron que el puerto de La Luz se convirtiera en paso obligado para todos los barcos que iban hacia los continentes africano o americano, lo que también incrementó la importancia de las labores realizadas por los botes de vela latina.

5º. La idoneidad de la navegación con vela latina que permitía navegar tanto en bolina como en empopada.

Un elemento para tener en cuenta en relación con el origen de la vela latina competitiva en Gran Canaria era la adaptación del aparejo latino a las circunstancias particulares de la Bahía de Las Palmas, que se adapta perfectamente a los tipos de vientos reinantes en la Bahía, predominantemente del Norte o Nordeste.

Otro aspecto importante era la idoneidad de la vela latina para navegar en todos los rumbos, pero especialmente contra el viento, que era uno de los rumbos más utilizados por los botes cuando iban desde el Muelle de Las Palmas hacia la Bahía de las Isletas en busca de los barcos allí fondeados para realizar las transacciones comerciales. También la posibilidad que tenían los botes de desmontar el palo, la palanca y la vela en función de las circunstancias y utilizar los remos en las grandes calmadas o cuando se acercaban a los fondeaderos o al muelle de Las Palmas.

6º. La carencia de recursos económicos de los habitantes de Las Palmas de Gran Canaria que veían en el trueque y venta de productos un medio casi único de subsistencia.

Otro elemento que contribuyó a la aparición de la vela latina competitiva en Gran Canaria fue la situación socioeconómica de los habitantes de Gran Canaria en general y Las Palmas en particular que era una economía de subsistencia, típica de sociedad colonial donde las diferencias sociales eran muy marcadas y dominada por una burguesía local.

Esta economía dependía en gran parte de sus contactos con el exterior, de las operaciones dinerarias fruto de las exportaciones e importaciones de productos principalmente con España y con el Nuevo Mundo. A los comerciantes canarios le permitían exportar productos procedentes exclusivamente de la tierra. En esta línea, Morales Padrón (1991, 547) afirma que *Desde antes del siglo XVIII estaba permitido el embarque de "los frutos de su labranza"; es decir, "lo criado, nacido y cogido" en las islas, negándose la remisión de productos foráneos.*

Esta situación restrictiva hizo que surgiera una economía sumergida, alrededor de la cual florecieron comerciantes canarios y españoles que no tenían ningún escrúpulo en saltarse las normas para comerciar con productos prohibidos con los barcos que iban y venían a Gran Canaria. El mismo autor constata que *La situación de las islas favorecía la práctica del fraude y del contrabando. De siempre llegaban a los puertos isleños barcos que simulaban unas ventas y, luego, seguían para las Indias, o descargaban una parte de la cargazón y continuaban con el resto para América. [...] Las mismas flotas procedentes de la Península no tenían inconvenientes en admitir pasajeros y productos fuera de registro.*

[...] Estaban también las arribadas fingidas; naves cuyo punto de origen estaba en puertos peninsulares simulaban unas averías y entraban en las radas canarias donde cargaban pasajeros y mercancías vetados o no autorizados (Morales Padrón, 1991, 549).

Y al albur de todas estas situaciones de picaresca y fraude, surgidas como respuesta a unas leyes comerciales restrictivas, emergieron junto con los comerciantes locales, los avispados boteros, que para amortiguar su maltrecha economía familiar, comerciaban con toda clase de productos con los barcos que fondeaban cerca del muelle de Las Palmas o en la Bahía de Las Isletas.

En esta línea, nos parece interesante recoger por su pertinencia algunas afirmaciones de Torres Santana: *El trueque venía a ser un medio de pago inmediato, consistiendo en el intercambio de un producto por otro, de tal forma que se beneficiaban en la operación tanto el comprador como el vendedor, dado que posiblemente carecieran de dinero en efectivo para hacer frente a sus necesidades. [...]En el comercio exterior donde también se practicaba el trueque aparecen relacionados, no solamente los que producían las mercancías que salían del Archipiélago, o los pequeños buhoneros y tenderos que se apreciaban en el caso anterior, sino incluso los mercaderes, insulares o no que tenían sus redes comerciales en Canarias y en el mundo exterior a ella.*

Resulta difícil interpretar la pervivencia de un sistema de pago tradicional, como lo era el trueque, en una economía de mercado de ámbito internacional como la desarrollada en Gran Canaria y

Tenerife; sin embargo, no debemos de olvidar, por una parte, la deficiencia de numerario cosa habitual en las Islas, y por otra, cómo la economía europea continuaba afectada por una serie de métodos rudimentarios empleados por los mercaderes con cierta frecuencia, entre los cuales el trueque no era el de menor importancia (Torres Santana, 1991, 388-389).

Esta necesidad hacía que cuando el vigía daba las señales de que entraba un barco por la bahía de Las Isletas, los boteros compitiesen por llegar el primero para hablar con el patrón del barco, negociar para llevar pasajeros y mercancías a tierra o hacer negocios con él.

7º. La liberación del servicio de carga y descarga de mercancías y pasajeros, que acabó con el monopolio de los gremios del sector.

Con el Real Decreto de 15 de julio de 1864 se acaba con el monopolio de la carga y descarga en los puertos de la Corona, liberalizando estas labores. El Real Decreto expresaba lo siguiente:

MINISTERIO DE LA MARINA. REALES DECRETOS. De conformidad con lo propuesto por el ministerio de la Marina, vengo a decretar lo siguiente:

Art.1º. Las operaciones de carga y descarga de los buques en todos los puertos y puntos habilitados de la monarquía, serán libres en los sucesivo. El comercio podrá emplear en ellas individuos matriculados ó terrestres sin limitación y según su conveniencia, pero sin que esta facultad pueda extenderse al manejo, en su más absoluta acepción, de las embarcaciones que en las mismas faenas hayan de emplearse.

Art. 2º Para dedicarse a la carga y descarga en los términos expresados, no se exigirá otra obligación que la de observar las reglas de policía y buen orden que en la localidad estén establecidas o se establezcan á que todos deberán estrictamente sujetarse.

Art 3º Como consecuencia de la enunciada libertad, cesarán las tarifas vigentes en las partes que se refieren al trabajo que ahora se declara de derecho general y cuyo precio en tal concepto será convencional entre el demandante y los que se presten a satisfacerlo. Dado en palacio a quince de junio de mil ochocientos sesenta y cuatro. Está rubricado de la real mano. -El ministro de Marina, José Manuel Pareja (El País, 1864).

Este Real Decreto venía a suponer la desaparición del monopolio de los Gremios que controlaban todos los trabajos de carga y descarga de los puertos y la apertura de estas labores portuarias a nuevas personas. Esta liberalización aumentaría el número de embarcaciones menores para dedicarse a las faenas portuarias, entre las que se encontraban los botes y aumentaría, también, la competencia entre todas estas embarcaciones.

Una vez expuestos los elementos que concretan nuestra hipótesis, creemos necesario establecer el posible origen competitivo de los botes de vela latina en Gran Canaria.

Es pertinente exponer, antes de intentar establecer este origen competitivo un repaso somero a las distintas teorías del origen del deporte, porque nos darán un marco general que nos ayudará a comprender más el porqué surgió la competición en la vela latina en Gran Canaria y encuadrar, su origen de esta, en algunas de las teorías que se conocen.

Existen diversidad de teorías sobre la génesis del deporte que analizan tal origen desde diferentes puntos de vista que van desde el origen cultual hasta el origen instintivo pasando por el origen en el trabajo y haciendo una parada para distinguir entre el origen en la prehistoria y el origen contemporáneo del deporte. Y esta diversidad se explica por las distintas posiciones políticas, sociales y profesionales de los historiadores que se han preocupado por estudiar el tema que nos ocupa.

Así, Uerberhorst (1973, 10) indica que *No es lo mismo un historiador educado en el materialismo histórico, para el que todos los fenómenos culturales son necesariamente productos de relaciones económicas, o el historiador que parte de una base filosófica en la que la libertad del espíritu sea considerada como la creadora de civilización, como la fuerza específica del hombre, a la hora de desarrollar una teoría del origen de los ejercicios físicos. Y, finalmente, el biólogo que se pregunta por las bases de la actividad deportiva recurrirá, incluso con referencia a los tiempos históricos primitivos, a unas causas diferentes que el sociólogo, a quien interesan las funciones de los fenómenos culturales dentro de la sociedad.*

Hay autores que establecen que el origen del deporte es cultual, como expresión primaria de la danza. En este sentido se posiciona Popplow (1973, 146) para quien *Las fuentes nos permiten hacer una afirmación segura sobre esos inicios y sobre el modo en que se produjeron: la danza es la forma más antigua de ejercicio humano. En ella se hace realidad por primera vez un movimiento nacido de la unidad vital del hombre, que tiene su objetivo y finalidad fuera de sí mismo, pero cuya presencia da testimonio de la acción rectora del espíritu. Espíritu, alma y cuerpo revelan su unidad mediante el movimiento humano.* Para Diem (1966, 15) *Todos los ejercicios corporales fueron en un principio actos de culto. […] El principio se halla en el gesto; como ademán de rogar, es el mismo en todos los pueblos y épocas. […] De esta manera nace la danza a partir del culto, siendo al mismo tiempo expresión espontánea de lo festivo, acto de comunión espiritual y corporal.*

Otros autores afirman que el origen del deporte tiene un carácter eminentemente instintivo. Así Eppensteiner (1973, 259-260) considera que *La actividad deportiva del hombre tiene su origen en la vida instintiva. Su causa más profunda, claramente reconocible todavía, está en la necesidad innata de adoptar las posturas pertinentes exigidas por el movimiento del cuerpo y de los miembros. […] Todas esas modalidades de competición obedecen a una tendencia natural que podemos definir como una amalgama íntima del instinto de juego y del instinto de lucha; esa tendencia peculiar no se identifica del todo con ninguno de estos dos instintos originarios; cabría considerarla como un instinto nuevo y específico que sería lo mejor llamar instinto deportivo.*

Para Neuendorff *El ejercicio físico nace de dos instintos originarios; de la necesidad de una preparación para la existencia y del gusto por un tipo de movimiento de alguna forma reglamentado y dirigido* (citado Uerberhost, 1973, 38)

Otros autores sitúan el origen del deporte en el trabajo como Eichel (1973, 134) quien afirma que *Las dos enseñanzas más importantes que nos da la historia de los ejercicios corporales en la sociedad primitiva son:*

> 1. *Los ejercicios corporales son, por su origen, un medio importante para mejorar la capacidad productiva del hombre, y*

> 2. *Los ejercicios corporales son un medio importante dentro del proceso educativo al que Friedrich Ludwig Jahn llamó "capacitación para la guerra"*

Por último, están autores que relacionan el origen del deporte con los procesos culturales de los pueblos. Así Blanchard y Chescka (1986, 81) consideran que *el comportamiento deportivo es un componente de la cultura que evoluciona juntamente con el desarrollo lineal de la totalidad del sistema y* establecen una serie de variables muy interesantes a partir de los estudios de algunos antropólogos que están relacionadas con el proceso evolutivo cultural y el deporte, que van a determinar la naturaleza y origen del deporte. Estas variables son las siguientes:

El tipo de subsistencia*. El método institucionalizado para procurarse alimentos es, en cualquier sistema cultura, un elemento clave de la individualización del sistema, que afecta directa o indirectamente todas las demás instituciones. Es justo suponer,* entonces, que sea cual sea la forma de subsistencia de un grupo – caza-recolección o agricultura industrial- la subsistencia es vital para su definición del deporte. Cuanto más productivos y diversificados los sistemas de subsistencia, más complejas las culturas materiales y las tecnologías involucradas, y más perfeccionada, a su vez, las instituciones deportivas.

La estructura sociopolítica. La naturaleza de la organización social y de la vida política en cualquier cultura se refleja en sus actividades deportivas. Las actividades deportivas de las grandes concentraciones humanas se desarrollan a mayor escala que en las sociedades compuestas de pequeñas bandas. La competición deportiva se somete a menudo a determinadas líneas políticas.

Variables geográficas y ecológicas. La naturaleza del deporte se ve igualmente afectada por el tipo de medio en que se desarrolla y por los problemas de adaptación específicos con que se enfrenta una población dada. Las presiones demográficas, los rasgos topográficos, la fauna, la flora, el clima, la abundancia de tierras y otros muchos factores más intervienen en la definición de cualquier nivel del proceso evolutivo.

Esas variables expresan en los diferentes niveles del proceso evolutivo, y el deporte es un reflejo de la subsistencia, de la organización social y de la adaptación, desde sus formas más simples a las variedades más complejas [...] La competición es un aspecto de la vida, un aspecto de la cadena de la subsistencia. [...] Parte del proceso de adaptación cultural corresponde a la adecuación de comportamientos competitivos y cooperativos.

Determinadas necesidades adaptativas producen determinadas respuestas competitivas y cooperativas.

Eppensteiner (1973, 265-272) respecto a la relación existente entre cultura y deporte afirma que el *deporte es, en primer lugar, una actividad físico-cultural del hombre condicionada por la misma naturaleza de éste. Ya hemos expuesto cuál es su origen. En segundo lugar, el deporte es un fenómeno cultural que aparece en la vida histórica de los pueblos, hechura de la cultura objetiva [...] Así, pues, por lo que refiere a la forma cultural del deporte, el estudio de su origen nos lleva a la siguiente te conclusión: En todas las fases de la evolución de la humanidad, determinadas necesidades de orden religioso, militar, social, político, material y biológico han llevado a practicar en forma cultural y generalizada el deporte originario espontáneo, adoptando modo que van desde lo sencillo y natural hasta lo solemne y alcanzando a veces niveles culturales considerables.*

Después de esta aproximación a las teorías del origen del deporte, nos encontramos en la tesitura de encuadrar el origen competitivo de la vela latina en Gran Canaria. A este respecto, y, con los datos que tenemos, estamos en disposición de realizar las siguientes afirmaciones:

Entendemos que el origen competitivo de la vela latina en Gran Canaria está relacionado directamente con los trabajos de carga y descarga de mercancías y de trasporte de personas, así como el pequeño comercio de productos que realizaban los botes a vela. Esta modalidad deportiva tiene su origen en una actividad laboral determinada y respuesta activa a una problemática específica. En este sentido, nuestro planteamiento se acerca al de Eichel (1973) que relaciona el origen del deporte con el mundo del trabajo y los medios de producción y lo considera un como medio para mejorar la productividad.

Es evidente que el origen de la vela latina competitiva en Gran Canaria fue el trabajo, y que, en los primeros años de su origen, desarrollo e institucionalización, entre el último cuarto del siglo XIX y el primer cuarto del siglo XX, las competiciones veleras, fomentaran que los afanados boteros se preocupasen de tener a punto cascos, velas, palos, palancas, cabos, etc., para ser más competitivos en las regatas y esto, repercutía de alguna forma en el rendimiento en su trabajo diario. Además, creemos que este origen no puede obviar la influencia que ha tenido el contexto cultural en que se ha desarrollado este deporte.

En la línea de la incidencia de las variables culturales expuestas por Blanchard y Chescka (1986, 81) entendemos que el origen de la Vela Latina competitiva en Gran Canaria es producto, también, de estas variables:

- El tipo de subsistencia. El tipo de subsistencia, determinado por las condiciones económicas de la época, influyó en la génesis de este deporte, e hizo que los boteros, que tenían este trabajo como único medio de subsistencia, compitieran entre sí para ser los primeros en contactar con los patrones de los buques para llevar mercancías, pasajeros a tierra o vender o intercambiar productos con estos.

• La estructura sociopolítica. La conquista de las Islas Canarias estableció que las islas se dividiesen en islas de Realengo (Gran Canaria, Tenerife y La Palma) e islas de Señorío (Lanzarote, Fuerteventura, La Gomera y El Hierro). Las islas de Realengo quedan adheridas a la Corona de Castilla y con ello, incorporan todas sus estructuras económicas, sociales y políticas. Esto supuso que las islas Realengas tuvieran todo el apoyo de la Corona de Castilla y que no pusiera demasiados obstáculos para el desarrollo de una economía mercantil que permitiera el intercambio comercial entre las Indias, África y Europa. Esta circunstancia, hizo que Las Palmas fuese punto de encuentro de multitud de barcos que fondeaban en sus radas para comerciar con los comerciantes locales o para reponer productos alimenticios, lo que fomentó que proliferasen los botes de vela latina que iban al encuentro de esos barcos para realizar diversas transacciones comerciales.

• Variables geográficas y ecológicas. El origen competitivo de los botes de vela latina en Gran Canaria se vio influenciada por el medio donde se desarrolló. Por una parte, la mala situación del muelle de Las Palmas hacía que muchos barcos fondearan a más de 6 km del centro de la ciudad, en la bahía de Las Isletas, y, por otra, la idónea ubicación de esta bahía que valía como puerto natural que suplía la inoperancia del muelle de la ciudad, y que servía como fondeadero de muchos barcos, circunstancia que alentó la competencia entre los boteros para llegar los primeros al encuentro de estos barcos en busca de negocio.

En relación con la apuesta por una fecha sobre el origen competitivo de los botes de vela latina en Gran Canaria hay diversos autores que la sitúan en 24 de julio de 1904 en una regata que se celebró por motivo de las fiestas patronales del barrio de San Cristóbal. Así el Diario de Las Palmas recoge que *Los vecinos del barrio de S. Cristóbal celebrarán en los días 24 y 25 del actual, fiestas en honor de su patrono, conforme al siguiente programa: día 24, a las 12, regatas de botes a vela, desde la puntilla hasta el muelle de Las Palmas, con retorno al Castillo de S. Cristóbal, donde se adjudicará la victoria la embarcación que llegue primero a este último sitio* (Diario de Las Palmas, 1904).

Cabrera Santana "Baluma" (1967, 19) escribe En el año *1894 se pensó en las regatas para las fiestas de San Pedro Mártir, en las cuales debían figurar pailebotes y embarcaciones menores a vela, pero, lamentablemente, no se llegaron a celebrar; [...] No obstante hasta las fiestas de la Naval de 1900 no se llegó a practicar las regatas a vela, aunque dentro del marco bastante reducido del puerto [...] más tarde, en las fiestas de San Pedro Mártir de 1902 se programó regatas de embarcaciones menores a la vela, continuadas al año siguiente también en las aguas del puerto: "Las regatas de embarcaciones menores también llevaron ayer tarde al puerto mucha concurrencia". En este año 1903, también las fiestas de San Cristóbal trajeron regatas de embarcaciones, y, todas ella, con premio a los vencedores.*

Sin embargo, estos contactos de la gente de aquel entonces con las cosas de mar, solamente nos merecen la consideración –muy alta, desde luego- de una gestación de nuestra vela latina, la cual, en las fiestas de San Cristóbal del año 1904 toma cabal consistencia, de la forma que nosotros la concebimos; navegando en bolina hacia la victoria [...].

Mentado Gil (1989, 15) transcribe la noticia del Diario de Las Palmas aparecida el 20 de julio de 1904 sobre la regata por las fiestas patronales del barrio de San Cristóbal. El mismo autor en obra posterior dice *No estamos pues en condiciones de afirmar con rotundidad que la fecha, 20 de julio de 1904, sea la primera con que dieron comienzo las regatas de botes y barquillos. Quizá, eso sí, con un matiz de aparente oficialidad, al estar anunciadas en un programa de actos festivos populares recogidos en la prensa de aquellos años* (Mentado Gil, 1990, Presentación)

Roque Pérez (1992, 17) constata que *Se tiene constancia periodística de la posiblemente primera regata organizada, que data del 24 de julio de 1904 y con motivo de las fiestas patronales del barrio de San Cristóbal.*

En relación con la fecha del 24 julio de 1904 como fecha de la primera regata de este deporte, estamos en condiciones de indicar que la vela latina competitiva en Gran Canaria se inició 28 años antes con algunas características similares a la competición actual y con muchas posibilidades de que dicho origen competitivo, se pudiera haber producido en fechas anteriores.

El primer dato lo encontramos en el periódico local La Brújula
que, en relación con los actos festivos por la celebración de la
conmemoración de la conquista de Gran Canaria, decía: *DIA 28:
[...] Por la tarde cucaña marítima y regateo de botes a vela y remos
desde el muelle al puerto de la luz premiándose a los que
obtuvieran ventaja [...] (*La Brújula, 1874).

También en El Popular se recoge la misma noticia: *Parece que
el Ayuntamiento trata de celebrar este año el aniversario de la
conquista de esta isla por los españoles con gran suntuosidad. No
escasearán los fuegos artificiales, ni músicas, ni cucañas, ni
repiques de campana; y para que la diversión sea completa,
tendremos también riñas de carneros en la plaza del teatro. Habrá
premios para el bote más andador, y qué se yo para que más cosas*
(El Popular, 1874).

La Tregua se hace eco de la misma noticia: *Por la tarde cucaña
marítima en el muelle y regateo de botes desde dicho punto al
puerto de La Luz, con tres premios que se distribuirán de esta
manera: al bote más andador, o sea el que primero llegue al
puerto, ochenta pesetas; al segundo, cuarenta, y al tercero, veinte*
(La Tregua, 1874).

Pero parece que estas regatas nunca llegaron a celebrarse como
publicaba La Afortunada: *En cambio no hubo cucaña marítima, ni
regateo de botes, ni fuegos artificiales* [...] (La Afortunada, 1874).

Es evidente que no se podría tomar esta fecha como la primera
de la que se tiene referencia periodística porque nunca llegó a
celebrarse, pero como dato histórico tiene una doble importancia:

• Primero, por la intención de celebrar, quizás, por primera vez, regatas de botes a vela y remo y de alguna manera, llevar la competición diaria de las faenas del puerto, a una competición reglada y con premios, en el marco de un día festivo, buscando la institucionalización deportiva de esta actividad laboral.

• Segundo, el campo de regatas es desde el muelle de Las Palmas hasta el puerto de La Luz, por lo que los botes tienen que ir en bolina hacia la línea de llegada, haciendo el recorrido que hacen en sus faenas diarias cuando van al encuentro de los barcos que fondean en la bahía de Las Isletas. Hay que destacar que el recorrido es sólo en bolina, sin retorno en empopada, tal y como es en la actual Vela Latina Canaria.

Al año siguiente se esperaba que volviesen a celebrar regatas de botes en las fiestas por la conmemoración de la conquista de Gran Canaria, pero no se celebraron, como reflejaba el periódico La Prensa: *Observamos que faltan las cucañas marítimas y terrestres, el regateo de botes, las quinientas libras de pan, que en otros años se han repartido entre los pobres, etc. Etc.* (La Prensa, 1875). Pero el año 1876 si se programa regateo de botes en el programa de las fiestas por la conmemoración de la conquista de Gran Canaria, como manifestaba La Prensa Día 1. *A las cinco de la tarde, cucañas marítimas, y regatas de botes con varios premios, durante cuyos juegos habrá música en el muelle de esta ciudad* (La Prensa, 1876). También aparece la programación de esta regata en el programa oficial de 20 de abril de 1876 (LEGAJO 1, 1876). de las fiestas por la conmemoración de la conquista de Gran Canaria donde se dice: *Día 1: Al las cinco de la tarde, cucañas marítimas y regatas de botes con varios premios, durante cuyos juegos habrá música en el muelle de esta ciudad.* (Fuente: Archivo Histórico Provincial de Las Palmas).

Los años siguientes se siguieron programando regatas de botes siempre coincidiendo con la fiesta de San Pedro Mártir y por la conmemoración de la conquista de Gran Canaria.

En 1877 (LEGAJO 1, 1877) se vuelve a programar regatas de botes a remo y vela como así aparece en el programa oficial de 1 de abril de 1877 de las fiestas por la conmemoración de la conquista de Gran Canaria donde se dice: *Día 2: Al las cuatro y media de la tarde, cucañas marítimas y regatas de botes con premios en el muelle de esta Ciudad.* (Fuente: Archivo Histórico Provincial de Las Palmas).

En carta de 10 abril de 1877 (LEGAJO 1, 1877, Pág. 19) del señor alcalde de la ciudad de Las Palmas al Sr. Comandante de Marina de la Provincia donde se dice textualmente: *[...] para que entienda de la confección y realización de las próximas fiestas de San Pedro Mártir, ha acordado que el día 2 de Mayo próximo último día de las mismas fiestas, tengan efecto regatas de botes a remo y a vela desde el punto que se fije convenientemente de la bahía hasta el muelle de esta ciudad.* En contestación de 16 de abril (LEGAJO 1, 1877, Pág. 14) del Sr. Comandante Militar de Marina de la Provincia dice: *[...] tengo el gusto de manifestarle que con el fin de que las regatas de embarcaciones menores al remo y la vela*

³se hagan el día 2 de próximo mayo se nombrará una comisión [...]
y distribuya en nombre de la misma los premios a os vencedores
en la forma que he considerado más justa y equitativa y es la
siguiente:

Primer premio de embarcación al remo…. 60 pesetas

Segundo premio……. 30 pesetas

Primer premio de embarcación a la vela…….40 pesetas

Segundo premio de embarcación a la vela……20 pesetas [...]
(Fuente: Archivo Histórico Provincial de Las Palmas).

El año 1878 aparece en el programa oficial de 6 de abril de 1878 (LEGAJO 1, 1878) de las fiestas por la conmemoración de la conquista de Gran Canaria donde se indica, *Día 30: A las cuatro y media de la tarde, regatas marítimas y cucañas en el muelle, adjudicándole varios premios a los vencederos. [...]* (Fuente: Archivo Histórico Provincial de Las Palmas).

En carta de 11 de abril de 1878 (LEGAJO 1, 1878, Pág. 16) del alcalde al comandante de Marina dice *[...] Al propio tiempo he de merecer de V.I. tenga bien conceder su autorización a fin de que puedan llevarse a efecto las regatas y cucañas marítimas. [...]* (Fuente: Archivo Histórico Provincial de Las Palmas). El Comandante de Militar de Marina el 28 de abril de 1878 (LEGAJO 1, 1878, Pág. 27) *contesta [...] con el mayor gusto doy mi autorización para que puedan llevarse a cabo las regatas de*

---

³ Hay que decir que en la época se entendían por embarcaciones menores a los botes, tanto a vela como a remo, como así se deduce de la contestación del Comandante Militar de Marina de la Provincia.

embarcaciones menores de remo y vela el día señalado [...] (Fuente: Archivo Histórico Provincial de Las Palmas).

En el año 1879 parece que no se celebraron regatas de botes a vela sino a remo como así se deriva del programa oficial de 10 de mayo de 1879 (LEGAJO 1, 1879) de las fiestas por la conmemoración de la conquista de Gran Canaria y de la carta del Comandante de Militar de Marina.

El programa oficial informa: *Dia 9: Al las cuatro y media de la tarde, regatas de embarcaciones menores y cucañas marítima en el muelle, adjudicándose premios a los vencedores.* (Fuente: Archivo Histórico Provincial de Las Palmas).

La contestación de 2 de mayo de 1879 (LEGAJO 1, 1879) a una petición del alcalde de la ciudad del Comandante de Militar de Marina dice [...] *que accediendo gustoso a lo que en mismo me interesa, que son autorizadas las regatas de embarcaciones mayores a la vela y de embarcaciones menores al remo para que tengan lugar estas últimas el día 9.* (Fuente: Archivo Histórico Provincial de Las Palmas).

En el año 1881 se vuelven a programar regatas de embarcaciones menores y así en el programa oficial (LEGAJO 2, 1881) de 20 de abril de las fiestas por la conmemoración de la conquista de Gran Canaria dice: *Día 30 a las cuatro y media de la tarde, regatas de embarcaciones menores con varios premios a los vencedores.* (Fuente: Archivo Histórico Provincial de Las Palmas).

En carta de 18 de abril de 1881 (LEGAJO 2, 1881, Pág. 11) del alcalde de la ciudad al Comandante de Militar de Marina dice: *[...]*

ha dispuesto el Excmo. Ayunt° de mi presidencia tengan lugar el día 30 del corriente a las 4 y media de la tarde regatas de embarcaciones menores a remo y a vela desde el punto que considere conveniente de la bahía hasta el muelle de esta ciudad [...]. (Fuente: Archivo Histórico Provincial de Las Palmas).

El 25 de abril de 1881 (LEGAJO 2, 1881, Pág. 24) el Comandante de Militar de Marina contesta: *[...] tengo el gusto de manifestarle que accediendo a lo que en mismo me interesa quedando autorizadas las regatas de embarcaciones menores de remo y vela [...] y distribuya los premios a los vencedores en la forma que he considerado más justa equitativa y es el siguiente:*

1° premio de remo: 50 pesetas.

2° premio de remo: 30 pesetas.

3° premio de remo: 20 pesetas.

1° premio de vela: 30 pesetas.

2° premio de vela: 20 pesetas. (Fuente: Archivo Histórico Provincial de Las Palmas).

En carta de 22 de mayo de 1882 (LEGAJO 2, 1882, Pág. 23) del alcalde de la ciudad al Comandante de Militar de Marina dice: *Entre los distintos actos que constituirán los próximos festejos que tendrán lugar en los días 3 al 8 del inmediato junio, de hallarse, como de costumbre, las regatas de embarcaciones menores [...] como circunstancia necesaria para su mayor lucimiento y animación, ha creído oportuno inscribirlas a las de remo, toda vez que es muy corta la cantidad que al efecto se puede disponer, si se dividen con las de vela.* (Fuente: Archivo Histórico Provincial de Las Palmas).

El 18 de abril de 1883 (LEGAJO 2, 1883) en el programa oficial de las fiestas por la conmemoración de la conquista de Gran Canaria dice: *Día 2 a las cuatro y media regatas de embarcaciones menores, adjudicándose varios premios a las vencedoras.* (Fuente: Archivo Histórico Provincial de Las Palmas).

En oficio de 17 de abril de 1883 (LEGAJO 2, 1883, Pág. 29) del alcalde de la ciudad al Comandante de Militar de Marina dice: *Entre los festejos acordados [...] figuran, como de costumbre, regatas de embarcaciones menores que tendrán lugar el 1º de mayo a las cuatro y media de la tarde desde el punto de la bahía que se considere conveniente hasta el muelle de esta ciudad. [...] dispone de 150 pesetas para la adjudicación de premios.* (Fuente: Archivo Histórico Provincial de Las Palmas).

En 1886 se programan solamente regata de botes a remos como así consta en la información documental. De esta manera en carta de 15 de abril de 1886 (LEGAJO 2, 1886, Pág. 24) del alcalde de la ciudad al Comandante de Militar de Marina dice: *Entre los festejos conmemorativos de la incorporación de esta ciudad a la corona de Castilla, se hallan regatas de embarcaciones menores en el Pto de la Luz que tendrán efecto el día 30 del mes actual a las 4 de la tarde. [...] pudiendo disponer V.I. de 150 ptas para la adjudicación de premios.* (Fuente: Archivo Histórico Provincial de Las Palmas).

El 27 de abril de 1886 (LEGAJO 2, 1886, Pág. 50) el Comandante de Militar de Marina contesta: *[...] tengo el mayor gusto de significarle que quedan autorizadas las regatas a remo de embarcaciones menores en el puerto de la Luz en la tarde del día 30 del actual [...]*

En 1887 no se programan regatas de botes a vela sino a remo como se desprende de la documentación de la que disponemos. Así en oficio de 26 de abril de 1887 (LEGAJO 2, 1887, Pág. 33) *del alcalde de la ciudad remitido al Comandante de Militar de Marina dice: [...]* suplico V.I. se sirva dictar las órdenes para que las regatas de embarcaciones menores anunciadas en el programa [...] (Fuente: Archivo Histórico Provincial de Las Palmas).

El 28 de abril de 1887 (LEGAJO 2, 1887, Pág. 16) *el Comandante de Militar de Marina contesta*: tengo el mayor gusto de significarle de haber dispuesto que las regatas de embarcaciones menores que como parte de los festejos [...] Al efecto he distribuido las 150 pesetas señaladas en la forma siguiente:

Para lanchas de pesca y chinchorros 40 ptas Primer premio y 20 al 2º Idem.

Para falúas y botes de 6, 8 o 10 remos los mismos premios.

Y para botes pequeños con 4 remos 20 y 10 pesetas respectivamente. (Fuente: Archivo Histórico Provincial de Las Palmas).

En 1888 se vuelven a programas regatas de botes a vela como se deriva del oficio de 24 de abril de 1888 (LEGAJO 2, 1888,

Pág. 11) *del alcalde de la ciudad remitido al Comandante de Militar de Marina dice:* Entre los varios espectáculos que se programaron para la confección del programa de los festejos de la incorporación de la ciudad a la Corona de Castilla, figura y ha acordado que el día 25 de mayo próximo incluir al efecto regatas de botes a remo y vela desde el punto que se juzgue conveniente de la bahía hasta el muelle de esta ciudad. (Fuente: Archivo Histórico Provincial de Las Palmas).

En 1903 se programan regatas de botes a vela y a remo como se deriva del oficio de 23 de abril de 1903 (LEGAJO 2, 1903, Pág. 13) *del alcalde de la ciudad remitido al Comandante de Militar de Marina dice:* Entre los actos que figuran en el programa para celebrar el próximo aniversario de la incorporación de esta isla a la Patria Española se halla las cucañas marítimas y regatas de embarcaciones menores a vela y a remo en el Puerto de la Luz adjudicándose premios a las embarcaciones vencedoras. (Fuente: Archivo Histórico Provincial de Las Palmas).

En acta de la comisión de festejos de la alcaldía constitucional de Las Palmas de fecha 2 de abril de 1903 (LEGAJO 2, 1903, Pág. 4) se dice: *Día 3: A 4.30 las paseo en el parque de Santa Catalina, regatas de botes organizadas por la sociedad del mismo nombre* [...]. (Fuente: Archivo Histórico Provincial de Las Palmas).

Las citas recogidas nos permiten señalar que estas son las primeras regatas de botes celebradas de las que se tiene referencia escrita, aunque no quiere decir que anteriormente no se hubiesen celebrado. Además, no hemos encontrado ninguna referencia periodística ni documental que diga que estas regatas no se celebraron. Por otra parte inferimos, aunque no se hable expresamente en la noticia periodística, que las características de estas regatas serán las mismas que las programadas el año 1874, donde el campo de regatas estaba comprendido entre el muelle de Las Palmas y el puerto de La Luz y con el establecimiento de premios al bote más andador, porque coinciden tres aspectos; primero, que lo organiza el Ayuntamiento de Las Palmas; segundo, se celebra por la conmemoración de la conquista de Gran Canaria y, tercero, el punto de las fiestas es en el muelle de Las Palmas.

A parte de estos datos documentables que demuestran que hace más de 144 años ya había regatas de botes, existen otros datos que corroboran lo que se decía en la prensa del momento o en los programas de fiestas.

Esos otros datos los encontramos en el Registro de Buques de Las Palmas y los aporta José Daniel Rodríguez Zaragoza en su blog «Apuntes de la historia marítima de Canarias.» Así en su entrada: «Así empezó todo. 1.- Los botes de vela latina canaria», pone de manifiesto que en 1866 ya se construían botes de Vela Latina exclusivamente para el recreo. Así Rodríguez nos dice:

«[…] siguiendo la pista en el Registro de Buques de Las Palmas, la primera embarcación que figura como realizada estrictamente para el recreo en la lista cuarta del Registro de buques de Las Palmas, […] fue la que figura en el folio 14, se construyó en 1866, y era un bote, que se llamaba, curiosamente, "Eolo". Fue construido por el carpintero de ribera Don Antonio Herrera.»

Siguiendo con el artículo de Rodríguez, encontramos que el registro de botes para el recreo y el regateo no se queda ahí, ya que en 1872 se matricula otro bote, el Neptuno y el 1874 otro más, el Cristóbal Colón con parecidas dimensiones.

Después, en 1876, se registran dos botes que ya nos suenan más y no son otros que El Canario, que tiene 5.90 metros de eslora, 1.88 metros de manga y 0.74 metros de puntal y el Marino, con 6.15 metros de eslora, 1.94 metros de manga y 0.71 metros de puntal.

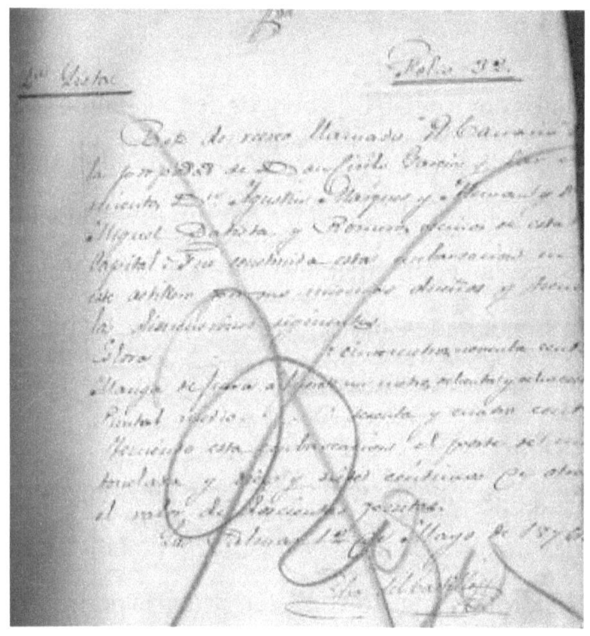

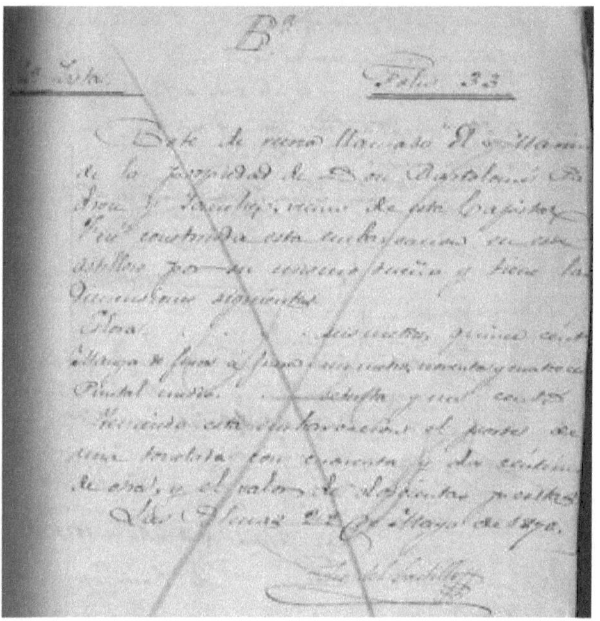

Estos datos del Registro de buques de Las Palmas, aportados por José Daniel Rodríguez Zaragoza coinciden, en el tiempo, con los datos documentales encontrados en mi investigación, vienen a demostrar que las competiciones entre botes de Vela Latina ya se realizaban a mediados del siglo XIX y que había un grupo de aficionados que construían botes ya no para trabajar, sino exclusivos para la competición deportiva.

Así que, para concluir, hay que decir que se debería establecer los orígenes deportivos de la Vela Latina de botes a mediados del siglo XIX, porque ya no solo existen pruebas periodísticas de estas manifestaciones deportivas, sino que también existen pruebas de asientos registrales de los botes que se construyeron para participar en estas competiciones.

Bibliografía

ALMAGRO-GORBEA, M. (1994): La navegación prehistórica y el mundo Atlántico, en *Guerra y exploraciones y navegación del mundo antiguo a la edad moderna*. Curso de verano de Universidad de la Coruña. Ferrol.

BLANCHARD, K. y. CHESCKA, A.T. (1986): *Antropología del deporte*. Barcelona: Ediciones Bellaterra, S.A.

BURRIEL DE ORUETA, E. (1973): *El puerto de la Luz en Las Palmas de Gran Canaria* Separata de Estudios Geográficos nº 131

CABRERA SANTANA, J. (Baluma) (1967): Significación del 24 de Julio, *Vela Latina. 63 años de la primera regata en bolina.* La Provincia. 23 de julio. Las Palmas de Gran Canaria.

CALERO MARTÍN, C.G. (1979): *Las comunicaciones marítimas interinsulares en Canarias (Siglos XVI al XIX)*. Las Palmas de Gran Canaria: Colección la Guagua. Mancomunidad de Cabildos.

CARDONA SOSA, A (1995): Juegos *y deportes vernáculos y tradicionales canarios*. Las Palmas de Gran Canaria: Ediciones del Cabildo Insular de Gran Canaria. Servicio Insular de Cultura.

CASSON, L (1971): The origin of the Lateen. *American Neptune*, 31.

CIRILO MORENO, J. (1947): *De los puertos de La Luz y de Las Palmas y otras historias*. Las Palmas de Gran Canaria: Ediciones Gabinete Literario.

DE BROSSARD, M. (2000): *Historia Marítima del Mundo*. Madrid: Edimat Libros.

DE JUAN Y PEÑALOSA, J. y FERNÁNDEZ GIMÉNEZ, S. (1980): *Historia de la navegación*. Madrid: Ediciones Urbión, S.A.

DE QUINTANA Y LEON, J. (1882): *La capital de la provincia de Canarias. Compilación de todos los derechos de la muy noble y muy leal ciudad del Real de Las Palmas de Gran Canaria*. Gran Canaria: Imprenta La Atlántida.

DIARIO DE LAS PALMAS (1904). Número 2868. 20 de julio. Las Palmas de Gran Canaria.

DIEM, C (1966): *Historia de los deportes.* Volumen I. Barcelona: Luis de Carlat.

EICHEL, W (1973): El desarrollo de los ejercicios corporales en la sociedad prehistórica, en *Citius, Altius, Fortius.* Tomo XV: 95-134. Enero-diciembre. Fasc.1-4. Madrid: Inef.

EL PAIS (1863). Número 56. 15 de septiembre. Las Palmas de Gran Canaria.

EL PAIS (1863). Número 76. 24 de noviembre. Las Palmas de Gran Canaria.

EL PAIS (1863). Número 79. 4 de diciembre. Las Palmas de Gran Canaria.

EL PAIS (1864). Número 137. 1 de julio. Las Palmas de Gran Canaria.

EL POPULAR (1874). Número 51.19 de abril. Las Palmas de Gran Canaria.

ENCICLOPEDIA UNIVERSAL ILUSTRADA. Barcelona: José Espasa e Hijos, Editores.

EPPENSTEINER, F (1973): El origen del deporte., en *Citius, Altius, Fortius.* Tomo XV: 259-272. Enero-diciembre. Fasc.1-4. Madrid: Inef.

FERNANDEZ NAVARRETE, M. (1846): *Disertación sobre la Historia de la Náutica y de las Ciencias Matemáticas.* (http://cervantesvirtual.com/servlet/SirveObras/24847659278517283352510 2/p0000002.htm). Edición digital basada en la edición de Madrid, Imprenta de la viuda de Calero, 1846. Ejemplar de la Biblioteca de la UNED. Permitida su consulta para estudio e investigación.

LEGAJO 1 (1876). Expediente 26, pag 24. Archivo Histórico Provincial de Las Palmas.

LEGAJO 1 (1877). Expediente 28.Pág. 24. Archivo Histórico Provincial de Las Palmas.

LEGAJO 1 (1877) Expediente 28. Pág. 19. Archivo Histórico Provincial de Las Palmas.

LEGAJO 1 (1877) Expediente 28. Pág. 14. Archivo Histórico Provincial de Las Palmas.

LEGAJO 1 (1878) Expediente 30. Pág. 15. Archivo Histórico Provincial de Las Palmas.

LEGAJO 1 (1878) Expediente 30. Pág. 16. Archivo Histórico Provincial de Las Palmas.

LEGAJO 1 (1878) Expediente 30. Pág. 27. Archivo Histórico Provincial de Las Palmas.

LEGAJO 1 (1879) Expediente 32. Archivo Histórico Provincial de Las Palmas.

LEGAJO 2 (1881) Expediente 35. Pág. 24. Archivo Histórico Provincial de Las Palmas.

LEGAJO 2 (1881) Expediente 35. Pág. 11. Archivo Histórico Provincial de Las Palmas.

LEGAJO 2 (1881) Expediente 35. Archivo Histórico Provincial de Las Palmas.

LEGAJO 2 (1882) Expediente 37. Pág. 23. Archivo Histórico Provincial de Las Palmas.

LEGAJO 2 (1883) Expediente 38. Archivo Histórico Provincial de Las Palmas.

LEGAJO 2 (1883) Expediente 38. Pág. 29. Archivo Histórico Provincial de Las Palmas.

LEGAJO 2 (1886) Expediente 40. Pág. 24. Archivo Histórico Provincial de Las Palmas.

LEGAJO 2 (1886) Expediente 40. Pág. 50. Archivo Histórico Provincial de Las Palmas.

LEGAJO 2 (1886) Expediente 40. Archivo Histórico Provincial de Las Palmas.

LEGAJO 2 (1887) Expediente 42. Pág. 33. Archivo Histórico Provincial de Las Palmas.

LEGAJO 2 (1887) Expediente 42. Pág. 16. Archivo Histórico Provincial de Las Palmas.

LEGAJO 2 (1888) Expediente 43. Pág. 11. Archivo Histórico Provincial de Las Palmas.

LEGAJO 2 (1888) Expediente 43. Pág. 11. Archivo Histórico Provincial de Las Palmas.

LEGAJO 2 (1903) Expediente 69. Pág. 4. Archivo Histórico Provincial de Las Palmas.

LEGAJO 2 (1903) Expediente 69. Pág. 13. Archivo Histórico
Provincial de Las Palmas.

LLECHA, G. (1996): *A Vela Latina.* Barcelona: Llagut.
Noviembre.

HERRERA PIQUE, A. (1984): *Las Palmas de Gran Canaria.
Primera* Parte. Segunda Edición. Madrid: Editorial Rueda.

HEYERDHAL, T. (1983): *El hombre primitivo y el océano.*
Barcelona: Editorial Juventud.
Primera edición 1978. Título original: Early *man and the ocean.*

JORDÉ (1952): *El puerto de la Luz y los hermanos León y
Castillo.* Las Palmas de Gran Canaria: Tipografía Alzola.

JORGE GODOY, S. (1996): *Las navegaciones por la costa
atlántica africana y las Islas Canarias en la antigüedad.* Santa de
Cruz de Tenerife: Viceconsejería de Cultura y Deportes. Gobierno
de Canarias.

LA AFORTUNADA (1874). Número 127. 2 de mayo. Las
Palmas de Gran Canaria

LA BRUJULA (1874). 25 de abril. Las Palmas de Gran Canaria.

LA PRENSA (1875). Número 62. 26 de abril. Las Palmas de Gran Canaria.

LA PRENSA (1876). Número 127. 25 de abril. Las Palmas de Gran Canaria.

LA REFORMA (1857). Número 137. 28 de agosto. Las Palmas de Gran Canaria.

LA TRIBUNA (1870). Número 18. 18 de febrero. Las Palmas de Gran Canaria.

LA VERDAD (1871). Número 120. 11 de mayo. Las Palmas de Gran Canaria.

LA VERDAD (1872). Número 219. 17 de mayo. Las Palmas de Gran Canaria.

LA TREGUA (1874). Número 11. 16 de abril. Las Palmas de Gran Canaria.

LLÁMAS RUÍZ, A. (1995): *Enciclopedia del mar*. Barcelona: Editorial Planeta, S.A.

LOBO CABRERA, M. (1991): La economía mercantil (I). El comercio con Europa, en *Historia de Canarias*, 19. Las Palmas de Gran Canaria: Editorial Prensa Canaria, S.A.

MARTÍNEZ DE GUZMAN, C. (1982) Los problemas de la navegación pre y protohistórica en el mar de Canarias y la fachada Atlántico-Sahariana. *V COLOQUIO DE HISTORIA CANARIO-AMERICANA. Coloquio Internacional de Historia Marítima.* Las Palmas de Gran Canaria: Excma. Mancomunidad Provincial Interinsular de Cabildos de Las Palmas. Excmo. Cabildo Insular de Gran Canaria.

MARTÍNEZ-HIDALGO J. (1980). *Del remo a la vela.* Barcelona: Editorial Juventud. Primera edición 1948.

MARTÍN GALÁN, F. (1983) 1852-1883: Antecedentes del Puerto de Refugio de la Luz Revista *Aguayro*, 146-Marzo Abril.

MARTÍN GALÁN, F. (1984): *La formación de Las Palmas; Ciudad y Puerto. Cinco siglos de evolución.* Santa Cruz de Tenerife: Editan Junta del puerto de la Luz y de Las Palmas, Gobierno de Canarias, Cabildo Insular de Gran Canaria y Ayuntamiento de Las Palmas de Gran Canaria.

MÁS GARCÍA, J. (1991): *La vela latina. Un símbolo de la cultura mediterránea.* Murcia: Ediciones Mediterráneo, S.A.

MENTADO GIL, J. A. (1989): *Botes y barquillos de la Vela Latina Canaria*. Las Palmas de Gran Canaria: Gobierno de Canarias. Viceconsejería de Cultura y Deportes. Dirección General de Deportes.

MENTADO GIL, J. A. (1990): *Semblanza histórica de los botes de Vela Latina*. Las Palmas de Gran Canaria: Gobierno de Canarias. Viceconsejería de Cultura y Deportes. Dirección General de Deportes.

MORALES LEZCANO V. y QUINTANA NAVARRO, F. (1982): La aspiración al Puerto de La Luz: Orígenes y desarrollo hasta 1.880 o la frustración de un proyecto prematuro, en *V COLOQUIO DE HISTORIA CANARIO-AMERICANA/COLOQUIO INTERNACIONAL DE HISTORIA MARÍTIMA*. Las Palmas de Gran Canaria: Cabildo de Gran Canaria.

MORALES PADRÓN, F. (1991): Comercio y emigración Canario-Americana, en *Historia de Canarias*, 19. Las Palmas de Gran Canaria: Editorial Prensa Canaria, S.A.

NAVARRO RUIZ, C. (1936): *Sucesos históricos de Gran Canaria*. Tomo II. Las Palmas de Gran Canaria: Tipografía Diario.

OLLER, F. Y GARCÍA DELGADO, V. (1996): *Nuestra Vela Latina*. Barcelona: Editorial Juventud, S.A.

OMNIBUS (1861). Número 656. 14 de diciembre. Las Palmas de Gran Canaria.

OMNIBUS (1861). Número 623. 21 de agosto. Las Palmas de Gran Canaria

OMNIBUS (1864). Número 870. 16 de enero. Las Palmas de Gran Canaria.

PARRY, J.H. (1989): *El descubrimiento del mar*. Barcelona: Editorial Crítica, S.A. Título original: *The discovery of the sea*.

PHILIPPE DE KERHALLET, C. (1858): *Derrotero de las Islas Canarias*. Barcelona: Librería Española. Traducido por Miguel Lobo.

POPPLOW, U. (1973): Origen y comienzos de los ejercicios físicos, en *Citius, Altius, Fortius*. Tomo XV: 135-154. Enero-diciembre. Fasc.1-4. Madrid: Inef.

QUINTANA NAVARRO, F. (1985): *Barcos, negocios y burgueses en el Puerto de la Luz.1883-1913. Cuadernos Canarios de Ciencias Sociales,* 12. Las Palmas de Gran Canaria: Centro de Investigación Económica y Social de Canarias. La Caja de Canarias.

RÉGULO PÉREZ, J (1982): De los viajes entre las Canarias y entre las Canarias y Europa a mediados del siglo XVII. *V COLOQUIO DE HISTORIA CANARIO-AMARICANA. Coloquio Internacional de Historia Marítima.* Las Palmas de Gran Canaria: Excma. Mancomunidad Provincial Interinsular de Cabildos de Las Palmas. Excmo. Cabildo Insular de Gran Canaria.

RIVERO SUÁREZ, B. (1991): Artesanía y Oficios, en *Historia de Canarias,* 21. Las Palmas de Gran Canaria: Editorial Prensa Canaria, S.A.

RODRÍGUEZ BUENAFUENTE, A. (1996): *La vela latina en Canarias. Historia, tradición y deporte. El uso pesquero tradicional en Tenerife.* Santa Cruz de Tenerife: Edita Aula de Cultura del Cabildo Insular de Tenerife.

RODRÍGUEZ ZARAGOZA, D. (2016): Así empezó todo. 1.- Los botes de vela latina canaria. (http://apuntesjdrz.blogspot.com/2016/05/asi-empezo-todo-1-los-botes.html)

ROQUE PÉREZ, F. (1992): *Al corazón de la Vela Latina Canaria.* Las Palmas de Gran Canaria: Edita Excmo. Cabildo Insular de Gran Canaria. Comisión de Cultura y Deportes.

ROQUE PÉREZ, F. (1993): *La Vela Latina Canaria: Origen y peculiaridades*, en Actas del Primer Simposium Internacional sobre Educación Física Escolar y Deporte de Alto Rendimiento. Las Palmas de Gran Canaria: Edita Universidad de Las Palmas de Gran Canaria.

STONE OLIVIA, M. (1995): *Tenerife y sus seis satélites o pasado y presente de las Islas Canarias.* Volumen II. Las Palmas de Gran Canaria: Ediciones del Cabildo Insular de Gran Canaria. Traducido por Juan Amador Bedford. Primera edición en inglés, 1887. Londres: *Oriel House, Farringdon Street*, E.C.

TEJERA GASPAR, A y AZNAR VALLEJO, E, (1988): El primer contacto entre europeos y canarios ¿1312-1477?, en *VIII Coloquio de Historia Canario Americana*. Las Palmas de Gran Canaria: Ediciones del Cabildo Insular de Gran Canaria.

TORRES SANTANA, E. (1991): Monedas y Finanzas, en *Historia de Canarias*, 22. Las Palmas de Gran Canaria: Editorial Prensa Canaria, S.A.

TYLER, F. (1999): *Historia de la Navegación a Vela.* Barcelona: Ultramar Editores, S.A.

UEBERHOST, H. (1973): Teoría sobre el origen del deporte, en *Citius, Altius, Fortius*. Tomo XV: 9-57. Enero-diciembre. Fasc.1-4. Madrid: Inef.

VV.AA. (1995): *La aventura del mar. El hombre y el mar*. Barcelona: Ediciones Folio, S.A.

ZYBERG, A. y BURLET, R. (1989): *Gloria y miseria de las galeras*. Madrid: Aguilar, S.A. de Ediciones.